Diogenes Taschenbuch 22776

de

1

Das erste Mal kam ich im Winter 1968 nach Graz. Ich war stunden-, um nicht zu sagen tagelang mit einem Zug gefahren, der an jedem Hühnerstall hielt und voller Menschen aus vergangenen Jahrhunderten war, alten Männern mit Felleisen und Frauen mit Eierkörben. Tiere überall. Natürlich hatte der Zug eine gehörige Verspätung, wie das alle Züge im Spätmittelalter hatten, und also tigerte Fredi Kolleritsch in endgültiger Panik am Bahnsteig hin und her, denn ich sollte um acht Uhr im Forum Stadtpark aus meinen Werken vorlesen. Es war die zweite Lesung meines Lebens, und mein Gesamtwerk war eine Broschüre mit dem Titel Alois. *Wir schafften es rechtzeitig, ich las, und als ich zu der Stelle kam, wo Frau Knuchelbacher ihre Tochter Miriam fragt, Was tut ihr denn da?, und Miriam antwortet, Wir vögeln, Mami, da traute ich mich nicht und verschluckte Miriams unschuldige Antwort, und nachher machte mir Wolfi Bauer die heftigsten Vorwürfe und sagte, er sei überhaupt nur dieser Stelle wegen gekommen. Als wir vor das Forum traten, hatte es geschneit, und alles – Park, Bäume, die Stadt – lag in einem dicken Weiß. Alles still. Ich wurde von einer Frau im Auto mitgenommen, die so fuhr, als sei sie das unerreicht gebliebene Vorbild Niki Laudas, sich nicht um die neue Straßenglätte kümmerte, Dreher um 360 Grad kommentarlos hinnahm und verkehrt herum durch Einbahnstraßen fuhr. Tatsächlich stießen wir in einer engen Gasse auf ein Polizeiauto und standen Scheinwerfer an Scheinwerfer, und die Frau überzeugte die Polizisten in kürzester Zeit, daß bei diesem Schnee etc., und die Polizisten wünschten ihr und sogar mir noch einen schönen Abend. Eine Zauberstadt. Später saßen wir in tiefen Gewölben und tranken viel Wein, und noch später, als ich aufbrechen wollte und in der Küche meine Reisetasche suchte, kriegte ich von der Wirtin eine Ohrfeige. Spätestens dann dachte ich, hier bin ich daheim.*

Als ich nun, zweiundzwanzig Jahre später, in Graz ankam, war Graz eine Stadt dieses Jahrhunderts geworden, ich hatte mit der AUA *eineinhalb Stunden gebraucht, um hinzukommen, und am Flughafen standen, gar nicht nervös, Gerhard Melzer und Kurt Bartsch, die Initiatoren des Lehrstuhls für Poetik an der Universität Graz. Wieder Schnee, aber kein verzauberter, so einer wie bei uns halt. Immerhin erkannte ich, aus dem Auto in den Nebel lugend, die Stadt recht bald wieder. Wir landeten auch tatsächlich wieder in einem Gewölbe, einer andern Höhle, und bald stellte sich jene Herzlichkeit ein, die ich an andern Orten nicht so leicht finde.*

Klaus Hoffer war nun auch da, der Schöpfer des Bieresch-Mythos, er hatte mich eingeladen, bei ihm zu wohnen, und ich hatte natürlich begeistert zugesagt und die obenhin geflüsterte Bemerkung überhört, er habe jetzt übrigens einen Hund. Er hatte *einen Hund, einen jungen Hund namens Hraban, bizarrerweise nach dem edlen Hrabanus Maurus getauft, obwohl er weder maurisch ist noch irgend etwas – im Gegensatz zum verehrungswürdigen Bischof von Mainz – für die Verbreitung der Bildung auf deutschem Boden getan hat. Ganz im Gegenteil. Früher unterhielten Klaus und ich uns stundenlang über Bücher. Diesmal sprachen wir eigentlich nur von Hunden bzw. von einem Hund, von diesem dummen kleinen Hundelein, das mir schon, wenn ich um sieben Uhr früh in meinem Nachthemdchen aufs Klo tappte, unter die Röcke schnüffelte und mir, begeistert leckend, ins Gesicht sprang.*

Aber ich war ja gekommen, eine Vorlesung zu halten, und das tat ich dann auch. Sechs Doppelstunden! Mehr als eine Stunde am Stück zu theoretisieren, das schien mir unmöglich und auch meinen Zuhörern unzumutbar. Also entschloß ich mich, in der ersten Stunde jeweils über *Literatur zu sprechen – meine und die anderer –, in der zweiten jedoch mich in den Erzähler jener Geschichten zurückzuverwandeln, derentwegen ich eingeladen worden war, und erfüllte mir also einen alten Traum: einmal ein ganzes Buch vorzulesen, nicht immer nur, wie bei Lesungen unvermeidlich, zusammenhanglose Teile. Ich las also meine Erzählung* Das Paradies des Vergessens *vor, die ihrerseits eine in einer Geschichte versteckte Poetik ist, so daß sie zuweilen wie ein Echo des zuvor anders theoretisch Gesagten klang.*

Ein großer Hörsaal, viele Leute, Neonlicht, keine Fenster. Eigentlich habe ich Schulen nie gemocht, und auch Universitäten nicht besonders. Aber spätestens als Gerhard Melzer seine Begrüßungsworte gesagt hatte, war alles Eis geschmolzen, und ich fühlte mich am richtigen Ort. Gerhard sagte nämlich:

Urs Widmer ist mir neuerdings zum Problem geworden. Seit Tagen beschäftigt mich die Frage: Wie mache ich's nur, wie stelle ich ihn vor, ohne in den peinlichen Pleonasmus zu verfallen, mit einem Bekannten bekanntzumachen oder – noch schlimmer: diese Peinlichkeit als willkommene Ausrede zu benützen und Zuflucht zu suchen beim alten rhetorischen Trick, daß Widmer einer sei, den man ohnehin nicht vorstellen müsse. Zusätzliche Schweißperlen auf die Stirn trieb mir dann ein Satz in Widmers jüngstem Buch *Das Paradies des Vergessens:* »Germanisten sind Arschlöcher«, heißt es da kurz, klar und unmißverständlich. Tröstlich immerhin, daß der Satz aus dem Mund eines rücksichtslosen Verlegers kommt, der nicht unbedingt die Sympathie des Autors besitzt. Aber trotzdem: die narzißtische Kränkung sitzt, ein trüber Rest bleibt, und die toxischen Gifte, die von ihm ausstrahlen, nisten nachhaltig in meinem Gemüt. Was also tun, da sich bestimmte Rituale der Introduktion offenbar von selbst verbieten? Nichts da mit dem handverlesenen Lebenslauf, keine einschüchternde Verkündung der Preise, die unserem Autor zuteil wurden, und eine Auflistung der Publikationen hatte ich ohnehin nicht vor: man ist schließlich lernfähig, obwohl – wie das Beispiel zeigt – auch der Lernfähigste gegen Rückschläge und Niederschläge aus der Tiefe der Bücher nicht gefeit ist. Mach einfach was anderes, raunte es in mir, spring über deinen Schatten, und da das auch Widmers Figuren immer wieder tun, bevor sie zu den großen Horizonten ihrer Forschungs- und Abenteuerreisen aufbrechen, war die Richtung vorgezeichnet: kein Gerede *über* Widmer durfte es sein, sondern eine

Geschichte in Widmers Manier. So vergraulst du den Autor nicht mit deinem Gequassel aus zweiter Hand, läßt aber trotzdem unaufdringlich einfließen, daß du sein Werk gelesen und verstanden hast. Gleichzeitig genügst du deiner Informationspflicht, erweist dich als höflicher Mensch und befriedigst obendrein deine Eitelkeit: wenn du dich nur gehörig anstrengst, sprach ich mir gut zu, dringst auch du endlich zum Kern der Sache vor, nach der sich dein germanistischer Diskurs seit Jahr und Tag vergeblich verzehrt. Die Geschichte, stellte ich mir vor, müßte von einer Sehnsucht handeln, die sich – wie meist bei Widmer – an der schlechten Wirklichkeit reibt. Selbstbezogen, wie ich bin, dachte ich zuerst an mich und daß ich ja eigentlich nur von meiner Sehnsucht nach einer Geschichte zu erzählen brauchte, einer wirklichen, unerhörten Geschichte ohne kleinmütige Skrupel und noch kleinmütigere Fußnoten, bis mir einfiel, daß Widmers hochmögende Reisende ihr Wunschziel selten erreichen, also auch meine Geschichte einer Geschichte konsequenterweise nie zustande kommen dürfte. Und wo bliebe im übrigen Widmer selbst? Der käme in so einer Geschichte gar nicht vor; dabei sollte er doch der einzige Gegenstand dieses Erzählversuchs, sozusagen dessen Herzstück sein. Angelangt an diesem toten Punkt, stieg ein beunruhigender Gedanke in mir auf: Wie, wenn es auf Widmer gar nicht ankäme? Wittgenstein hatte es vorausgedacht, und ich brauchte ihm nur hinterherzudenken: »Die Lösung des Problems des Lebens merkt man am Verschwinden dieses Problems.« Mit einem Mal wurde mir klar, daß dieser hochkarätige Satz aus dem *Tractatus* auch Anleitungen zur Lösung meines eigenen kleinen, aber doch irgendwie lästigen Problems enthielt. Wie hatte ich Urs Widmer bedrängt, die Poetikvorlesung an der Universität Graz zu übernehmen! Die Vorstellung, seiner Kehle jenes unvergleichlich kernige, schwyzerdeutsche »Ja« zu entlocken, das in meinen Träumen und Tagträumen bereits zu einem kräftigen gregorianischen Choral angeschwollen war, hatte meine Anstrengungen beflügelt, und nun, da er leibhaftig kommen sollte: nichts als Verdruß! Wittgensteins Einsicht verstörte mich zunächst, aber mittlerweile ist Ruhe eingekehrt in mein Nervensystem, und ich stehe vor Ihnen abgeklärt, gefaßt, als einer, der aus seinen Verwirrungen geläutert hervorgegangen ist, so daß er jetzt auch den Mut aufbringt, Ihnen eine unangenehme Mitteilung zu machen: Urs Widmer hat seine Zusage zurückgezogen. Er ist nicht da, denke ich. Seltsam: Irgendwie bin ich erleichtert. Die Vorstellung, daß er vielleicht im nächsten oder übernächsten Jahr kommt, stimmt mich heiter. Ich warte gerne. Und wenn er dann immer noch vorgestellt werden muß, weiß ich bestimmt, wie's geht.

Wir fielen uns coram publico *in die Arme, Gerhard und ich, und also vorgestellt konnte ich meine erste Vorlesung getrost angehen.*

Meine Damen und Herren, *sagte ich*, Sie kennen sie: diese russischen Puppen, mit denen schon der Zar spielte und dann Stalin und die heute noch *der* Exportschlager der UdSSR sind, made in Hongkong vielleicht, seitdem die Russen die freie Marktwirtschaft lernen, jene Babuschkas, außen dick und mächtig und nach innen immer kleiner, so daß im Bauch der sechsten Puppe, die im Bauch der fünften steckt etc., ein ganz kleines rätselhaftes Püppchen verborgen ist, jenes, das man, wie die Lösung aller Rätsel, beim Babuschkaöffnen als letztes entdeckt. So will ich meine Vorlesungen organisieren, die von der Poetik und also vom Schreiben handeln werden, von meinem Schreiben und vom Schreiben anderer. Sechs Vorlesungen wie sechs Babuschkas. Nur will ich umgekehrt vorgehen. Ich zeige Ihnen die kleinste Puppe zuerst. Ich spreche zuerst von mir, von meinen Rätseln, Rätseln im übrigen, von denen manche auch für immer ungelöst sind. Später wird mein Reden öffentlicher werden, allgemeiner, und wenn mein Plan aufgeht, werden wir in der letzten Stunde gemeinsam das Wort Ich vergessen haben.

Ja, mach nur einen Plan, singt Peachum in der *Dreigroschenoper:* Meine Vorlesung wird also gewiß auch eine Bestätigung der alten Erfahrung sein, daß Pläne nie aufgehen. Immerhin, die gute Absicht ist auch schon etwas. Der brave Christ kommt in den Himmel, nicht weil er nie gesündigt hat – ohne Schuld geht keiner durchs Leben –, sondern weil er es wenigstens versucht hat. Der Buddhist wird nicht mehr Wurm, sondern vielleicht, in der nächsten Reinkarnation, Igel oder Waschbär gar, wenn er sich wenigstens bemüht hat, ein geradliniges Leben zu führen.

Ein Schriftsteller an einer Universität – ganz widerspruchslos sollten Sie das nicht hinnehmen. Als sei das eine Selbstverständlichkeit. Denn die Literatur und die Germanistik sind nicht nur Freunde. Sie tun zwar oft so, sie sind es auch zuweilen, aber die Wahrheit ist dennoch, daß unser Verhältnis nicht immer ungetrübt ist. Es ist oft von Rivalität und Neid geprägt, von Idealisierung zuweilen auch. Dabei brauchen wir uns gegenseitig: die Germanisten die Schriftsteller, weil sie ohne deren Texte keine Literaturbetrachtung treiben könnten, und die Schriftsteller die Germanisten, weil diese den Rezeptionsraum erweitern, ihn heller und oft erst faßbar machen, und weil diese neue Erkenntnisdimension in die Literatur zurückfließt. Sonst allerdings haben Germanisten und Schriftsteller verschiedene Ziele. Germanisten lehren, sind Pädagogen, und wer lehrt, zielt auf Eindeutigkeit. Der Schriftsteller hingegen hat, wenn er schreibt, keinerlei pädagogisches Ziel, in der Regel jedenfalls nicht; und eindeutig will er schon gar nicht sein. Die Ambivalenz – daß jedem Weiß auch ein bißchen Schwarz beigemischt ist, und umgekehrt – ist geradezu sein Metier. Daraus entstand und entsteht manches Mißverständnis. Früher, lange Zeit, war der sanft schwelende Konflikt einigermaßen unbemerkt geblieben, denn die Germanisten wandelten gemessen und würdig in einem Abstand von fünfzig oder hundert Jahren hinter den Schriftstellern drein. Dachten über Klopstock nach, während Kafka schrieb. Aber irgendwann einmal legten sie, von den Dichtern unbemerkt, einen Zwischenspurt ein, und nun haben sie uns eingeholt und schauen uns schon während des Schreibens über die Schulter, und natürlich geht das nicht ohne Spannungen ab. So hat es auch mich an einen Ort verschlagen, an dessen Erwartungen ich mich erst gewöhnen muß. Eigentlich würde ich am liebsten absichtslos vor Ihnen monologisieren und zuweilen, hoffe ich, auch ein bißchen dialogisieren. Poetisch sprechen, sozusagen. Aber gleichzeitig ist mir klar, daß das nicht möglich ist und daß ich es auch gar nicht will. In meiner Prosa will ich weiß Gott nicht »lehren«, aber hier, in meiner Vorlesung, durchaus. Natürlich wird das auf meine Art geschehen, geschehen müssen. Hohe Begrifflichkeit ist nicht meine Sache, ist selten die Sache der Schriftsteller. Ihre Stärke ist die Metapher, der Reichtum des Bilds, das oft mehr enthält, als der Begriff es könnte; aber dessen Eindeutigkeit vermissen läßt. – Schriftsteller sind zudem *nicht* die, die besonders fraglos und sicher die Sprache beherrschen. Man könnte im Gegenteil sagen, daß oft die die Sprache zu ihrem Leben machen, die mit ihr die größte Mühe haben. Unsre Virtuosität ist oft besiegte Legasthenie.

Niemand geht freiwillig unter. Hölderlin wurde nicht freiwillig der arme Irre im Turm; Kleist sehnte sich sehr unfreiwillig so heftig nach dem Tod. Auch Goethes Leben und Werk – dabei war Goethe nun wirklich ein Liebling der Götter – sieht erst aus der Ferne wie ein Sieg aus. Es *ist* ein Sieg. Aber es ist ein Sieg, der zu Lebzeiten den Preis höchster Gefährdungen kostete. Als er den *Werther* schrieb, seinen einzigen Bestseller, überlegte er monatelang, wie er sich umbringen solle. Wie, nicht ob. Nur ob Strick oder Revolver. – Den Dichtern, jenen, die wir lieben, scheint die Lösung verwehrt zu sein, die viele andere wählen: sich blindlings denen anzuhängen, die den Sieg versprechen. Die stumpfsinnigsten Programme finden Anhänger, wenn sie nur versprechen, daß man zu den Siegern gehören wird, nicht zu den Opfern. Sogar die Demokratie funktioniert so (um es funktionieren zu nennen). Ununterbrochen stimmt die Mehrheit der Bevölkerung gegen die eigenen Interessen, weil eine fatale Identifikation mit den Mächtigen sie zwingt, deren Interessen zu verteidigen, als seien sie die eigenen. Es beruhigt, bei den Mächtigen zu sein. Wie vieles, was wir tun, dient ausschließlich der Beruhigung! Wir bringen Ordnung in das Chaos, und oft ist uns die Ordnung wichtiger als die Frage, ob die gefundene Ordnung etwas mit der Wirklichkeit zu tun habe. – Sie haben im letzten oder vorletzten Jahr einen renommierten Chaos-Forscher bei sich gehabt, meinen Kollegen Jürg Laederach, aus der gleichen ordentlichen Stadt wie ich stammend, und er schon hat Ihnen klar gemacht, daß Literatur nicht, nicht immer jedenfalls, auf Beruhigung aus ist. Sie ist genau deshalb selten populär, und sie ist für keinen immer auszuhalten. Wer, außer Jürg Laederach, hielte das Chaos *immer* aus?

»Warum schreiben Sie?« heißt jene so oft gestellte Frage, daß sie heute als eine dumme Frage gilt. Ich will mit ihr beginnen, denn sie ist natürlich keine dumme Frage. Sie ist eine kluge Frage, die einzig den Nachteil hat, daß sie schwer zu beantworten ist. Nur darum hat die Autorenlobby sie zu einem Tabu erklärt. Die Antwort kann nur ein Mosaik aus Antwortteilen sein, und wenn wir dann am Ende die Puzzlesteine zusammenfügen, werden wir immer noch keine ganze Antwort haben. Denn Kunst »geschieht«, und sie geschieht zu einem wichtigen Teil unbewußt. Man tut, und man weiß nicht genau, was man tut. Ja, zuweilen ist der Künstler gar der, der als letzter begreift, was er da eigentlich getan hat: wo doch alle denken, er müßte der erste sein. Aber ein ihm unbewußtes Etwas hat ihn gesteuert. Oft komme ich mir, ein leidlich rationaler Mensch eigentlich, der ganz selbständig Straßenbahn fahren und Steuererklärungen ausfüllen kann, wie ein Medium vor, das eine fremde Geschichte aufnotiert. – Ich sehe recht gut in mich hinein und ahne doch einen Kern, für den ich blind bin, und dieser Kern ist just mein Eigentliches. – Die durchaus unvertrauten Wörter rinnen durch einen hindurch. Man hat diesen geheimnisvollen Mitarbeiter früher einmal Inspiration genannt. Dann begannen die Geisteswissenschaften und die Dichter selber, mit den Naturwissenschaften, den sogenannt exakten, zu rivalisieren und wollten auch exakt werden. Die Schriftsteller nannten sich nicht mehr Dichter, und die Germanisten vergaßen, daß ihr Tun zur einen Hälfte Kunst ist – es erfordert das empathische Nachschöpfen des zu interpretierenden Textes – und zur andern Handwerk, wenn man etwa lernt, wie man bibliographiert oder wie man die alte Sütterlinschrift liest. Die Musen stahlen sich aus unseren Betten davon. Dabei gibt es sie, sie küssen immer noch, denn woher käme es sonst, daß man am einen Tag wie tot ist, während am nächsten die Zaubersätze nur so aus einem herauspurzeln? Die Musen wohnen bekanntlich auf dem Parnaß. Ich war einmal auf dem Parnaß, die Musen zu suchen, es war ein langer, steiniger Weg bergauf. Oben fand ich nur Skifahrer, die in einem sehr griechischen Stil einen schmalen Schneestreifen heruntertobten.

»Warum schreiben Sie?« Als ich noch nicht schrieb – ich war ein Spätzünder und brauchte für alles (Schreiben,

Frauen, Leben) sehr lange –, als ich dafür um so mehr las, verspürte ich zuweilen, wenn ich las, eine Entrückung wie an einen andern Ort, in eine andere Zeit, ein Gefühl, das mir sagte, daß irgendwo tatsächlich etwas anderes existierte – sonst wäre das Buch, das ich las, nicht möglich geworden –, Glück vermutlich, und daß ich nicht dazu verurteilt sei, im ewigen Status quo eines relativen Unglücks zu verbleiben. Das konnten sehr verschiedene Bücher sein, gute natürlich allesamt, sonst hätten sie nicht diese Wirkung gehabt: aber keineswegs nur die aus dem Kanon der großen Werke. Henry Miller oder Stendhal oder Karl May oder Somerset Maugham oder Melville. Damals keimte in mir wohl die Hoffnung, einmal selber so etwas auslösen zu können. Bei anderen. Vielleicht war ich einmal eine Art Untoter – traute mich nicht, auf meine in Wahrheit wild in mir herumtobenden Gefühle zu hören – und versuchte, schreibend zu prüfen, ob ich überhaupt lebte. Ob ich etwas spürte, und was. Ich versuchte und versuche noch immer, Leben herzustellen in einer Welt, die mir vom Tod bedroht vorkam und vorkommt. Glück herzustellen, auch für mich. Heute noch erkenne ich die sehr guten Bücher daran, daß mich auf der Stelle jene Erregung packt. Zugegeben, es geschieht selten, aber es geschieht. Leben ist nicht jeden Tag, Liebe auch nicht, Glück schon gar nicht.

»Warum schreiben Sie?« Normalerweise rette ich mich mit Witzen. Sage zum Beispiel, daß ich gern ausschlafe, ja, daß ich überhaupt nur Schriftsteller geworden sei, um nie mehr um acht Uhr früh ein Büro betreten zu müssen. Wie jeder Witz enthält auch dieser mehr als ein Gran Wahrheit. Ich war in Büros, und ich litt in ihnen. Aber ich erinnere mich auch, um eine dennoch ernsthaftere Antwort zu versuchen, daß ich als Kind schon beschloß, ganz bewußt und mit jenem heiligen Ernst, zu dem nur Kinder fähig sind – Moral in ihrem *état pur* –, die Lebenslüge der Erwachsenen nicht mitzumachen, die um mich herum lebten. Die mir nahe waren. Jenes Als-ob-Leben, das die bürgerliche Welt besonders prägt. Als ob alles in Ordnung sei. Ich wollte die Belohnung für die aktuellen Mühen nicht ständig auf später aufschieben. Denn nie gab es ein Später, wie es geplant war. Immer war der Herzinfarkt schneller, oder die Geliebte, mit der man das aufgeschobene Glück teilen wollte, war längst ungeliebt bzw. mit einem andern über alle Berge.

Nun. Das Leben war dann das Leben, ist es, und ganz ohne Lüge und Schuld ging und geht es nicht ab. Auch das muß man lernen. Aber die Kunst ist ein Bereich, ein Simulationsraum, in dem man die Wahrhaftigkeit versuchen kann und muß, denn die Lüge in der Poesie ist tödlich. Die Wahrheit eines Textes ist nicht zu beweisen – sie hat nichts mit Faktenwahrheit zu tun; auf der Faktenebene wird in der Kunst geflunkert wie nirgendwo sonst –, sie ist nur an einem Gefühl der Evidenz ablesbar, das Schreiber und Leser gemeinsam spüren. Im übrigen wird die Kunst just von den Bürgern am heftigsten geliebt, weil auch der bürgerlichste Bürger ein nicht zu bändigendes Gefühl hat, »das Leben zu verpassen«, ein mulmiges Seelengrummeln, das er in der Regel erfolgreich besänftigt, indem er sich aufheulend ins nächste Geschäft stürzt, wieder das Leben verpassend, aber wenigstens nicht den Profit. Wenn er dann einen Künstler trifft, tritt er ihm wie seiner eigenen

Januskopfigkeit entgegen. Der Künstler ist sein Stellvertreter und tut, was er nicht tut. Die Kunst ist jener von der Macht ins Leben gerufene oder immerhin geduldete Simulationsraum, innerhalb dessen man ein »anderes« Leben wenigstens in der Simulation führen darf, nicht korrupt, nicht lügend, nicht mordend. Oder eben gerade mordend, just lügend, völlig korrupt: sich nicht – Simulation! – um die faktische Wirklichkeit kümmern müssend. Die Stellvertreterfunktion – daß jeder Mächtige uns die vermeintliche Reinheit delegiert hat – schützt uns, und wir werden, auch wenn wir uns aus bürgerlicher Sicht seltsam benehmen, nicht gleich auf der Stelle zum sozialen Tod verurteilt. Nur wie Rimbaud aufführen dürfen wir uns nicht, jenseits aller Tischsitten und Gesetze. Das dann doch nicht. Auf wirklichen Barrikaden stehen und auch das geheimste Einverständnis verweigern. Und so haben es die Rimbauds aller Zeiten schwer, niemand erkennt sie, auch wir potentiellen Kollegen erkennen sie oft nicht. Sie erschrecken auch uns. Sie tun ja nicht freiwillig, was sie tun. Niemand tut freiwillig, was er tut. Die Klügsten und die Glücklichsten unter uns können aus ihren Nöten Tugenden machen, und das nennen wir dann Begabung. Immer aber, so wie unsere Welt ist, bleibt Kunst im allgemeinen und die Literatur im besonderen auf die Welt der Macht bezogen und bewegt sich, ihr widersprechend und um sich schlagend, in ihrer Nähe. Wie hat sich die Literatur bemüht, das ganz andere zu tun: sie ist dennoch, in unserer bürgerlichen Gesellschaft, bürgerliche Literatur geblieben. Es scheint keinen begehbaren Ausweg zu geben.

Als ich ein Kind war, lernte ich einen Mann kennen, den ich hier Otto nennen will. Er ist längst tot. Dieser Otto war zusammen mit seinem Bruder der Erbe eines Betriebs, der, glaube ich, Badewannen herstellte. Irgendwas Sanitäres. Der Bruder zahlte Otto 1 000 oder auch 3 000 Franken im Monat – keine weltbewegende Summe, die Badewannen waren nicht sehr erfolgreich –, unter der Bedingung, daß er den Betrieb nie betrat. Das tat Otto dann auch nie, leidenschaftlich. Er ist der einzige Mensch bis heute geblieben, den ich kennengelernt habe, der nie – im Sinne von NIE – etwas tat, was dem Gelderwerb diente. Nicht, daß er nichts tat. Ständig erfand er irgendwas, Aschenbecher, die Danke sagten, wenn man die Asche hineintat, oder eine Garagentür, die sich automatisch öffnete, wenn er »Stormy weather« pfiff. Zuweilen saß er die halbe Nacht im Auto und versuchte, sich an die Melodie zu erinnern. Einmal, als ich ihn wieder einmal besuchte (er wohnte zu der Zeit an einem See), maß er mit mir zusammen die Breite dieses Sees aus, indem wir mit einem rachitischen Motorboot, das keinen Geschwindigkeitsmesser hatte, dessen Höchstgeschwindigkeit Otto jedoch selbstsicher mit 30 km/h angab, quer über den See donnerten, und Otto drückte beim Start auf die Stoppuhr. Das tat er bei der Landung dann wieder. Logischerweise konnten wir so die Distanz genau ausrechnen. Allerdings konnten wir auf der anderen Seeseite, die von einer Mauer abgegrenzt war, nicht ungebremst landen, mit den vollen dreißig Stundenkilometern, und so nahm Otto vorher etwas Gas weg und glich das beim Drücken der Stoppuhr mit viel Gefühl wieder aus. So einer war Otto. Ich erzähle Ihnen diese Geschichte, weil

Otto, in einem gewissen Sinn, eins meiner Vorbilder geblieben ist. *Ich* arbeite zwar für Geld – grad können Sie mir dabei zuschauen –, weil ich keinen Bruder in der Badewannenbranche habe. Versuche immer erneut, tolle Honorare herauszuschinden, und gebe mich dann mit dem zufrieden, was ich kriege. Aber Literatur hat immer auch etwas Nutzloses, etwas lebenslang Dilettantisches, etwas Spielerisches in all dem Ernst, etwas Kindliches und durchaus auch Kindisches. Sogar die Gesetze der Marktwirtschaft, dessen wichtigstes heißt, daß ihre Hunde stets den Letzten beißen, sind dem Entstehen von Dichtung gar nicht so ungünstig gesinnt. Denn mit Geld hat das Bücherschreiben herzlich wenig zu tun. Das fressen irgendwelche Hunde uns Letzten weg, bevor es zu uns kommt, und das ist, abgesehen davon, daß es sehr ärgerlich ist, wunderschön. Jahrelang dürfen wir an unserer Konfession sitzen, und nicht *einmal* kommen wir auch nur auf die Idee, uns vorzustellen, daß wir damit ja sogar reich werden könnten. Nicht, daß wir es nicht gerne würden. Wer wäre nicht gern Millionär. Aber diesen Traum hegen wir auf einer andern Ebene, wie im Märchen. Wir tun nichts, es zu werden. Genauer gesagt, wir strengen uns von Buch zu Buch immer erneut an und sind immer wieder so naiv zu glauben, daß das, was uns beim Schreiben bis in die letzte Herzfaser erregt, dann auch Millionen Leser errege. Das dachte schon Kafka, vielleicht. Es waren dann ein paar hundert, zu seinen Lebzeiten.
Zu seinen Lebzeiten! Die zeitgenössischen Dichter haben stets den Makel, noch am Leben zu sein. Jeder nimmt es ihnen übel. Ein Schriftsteller, der lebt, irritiert seine Leser

aufs äußerste. Er läßt einen nicht frei, wirkt vorläufig, er könnte sich noch einmischen, ja, er könnte uns mit seinem nächsten Werk, von dem wir und auch er selber noch keine Ahnung haben, ins Unrecht versetzen. Gerade haben wir gesagt, so ein Depp, der schreibt ja mit zwei linken Füßen, da setzt er den Punkt unter ein Werk, das später einmal als *der* Ausdruck unseres Jahrhunderts gelten mag. Auch Goethe hatte einmal nur den *Werther* geschrieben. Wer ihm begegnete, mochte ihn für einen überspannten Jüngling halten; wandte sich dann dem viel interessanteren Johann Timotheus Hermes zu, dessen sechsbändiger Roman *Sophiens Reise von Memel nach Sachsen* eins der meistgelesenen Bücher des Jahrhunderts war. Und heute? Wer noch lebt, löst Rivalitäten aus, Neid, Wut, Aggression. Selten strömen unsere Gefühle frei. Kaum sind aber die eben noch Geschmähten tot, sehen ihre Bücher ganz anders aus, wie neu. Wir lesen sie in einer herrlichen Unabhängigkeit des Gefühls, können sie lieben, idealisieren, verehren und auch ungestraft verfluchen. Darum gilt der Prophet im Vaterland nichts, er kann nichts gelten. Er ist zu nah. Thomas Bernhard, der letzte plötzliche Tote, hat sich durch seinen Tod buchstäblich über Nacht aus einem Geschmähten in einen Verehrten verwandelt, und heute kann sich kein Mensch an die einst selber gedachten Schmähungen auch nur erinnern.

»Warum schreiben Sie?« Immer noch eine gute Frage. Früher oder später stößt man, wenn man sie stellt, immer auf eine Not, auf das Leiden, und wer spricht schon gern öffentlich von seinem Leiden. Die Dichter tun es, aber in ihren Büchern, nicht im Gespräch. In den Büchern machen wir jene Geständnisse, auf die Sie lauern, auf die Sie vielleicht auch jetzt lauern in einer Mischung aus Voyeurismus und Teilnahme, denn zuweilen ist das Leid der andern das eigene. Hier, ungeschützt vor Ihnen stehend, werde ich den Teufel tun und Ihnen meine schmerzvollsten Geheimnisse verraten. Niemand könnte das. Darum ist ja die Metapher erfunden worden, jene Verkleidung des Intimen in eine Geschichte. In einer Geschichte können wir das Schreckliche sagen, und natürlich auch unsere geheimen Wünsche. Die Geschichte schafft die nötige Distanz. Wir brauchen die Distanz, und also brauchen wir die Metapher, wir brauchen jenen kleinen, groß genugen Abstand voneinander, damit ich mich nicht vor Ihnen schämen muß, wenn ich Ihnen meine Geschichten von Tod und Teufel berichte, und Sie sich nicht vor mir, daß Sie sie anhören und verstehen und durch dieses Verstehen zu erkennen geben, daß Ihnen Tod und Teufel auch nicht fremd sind. Daß auch Sie, nicht nur ich, dunkle Seiten in sich tragen. Es ist falsch, widersinnig, trostlos, wenn Studenten *über* Autoren lesen und dabei die Texte der Autoren selber als etwas beiseite tun, was man notfalls vernachlässigen kann. Kein Text *über* Kafka kann das sagen, was *ein* Satz Kafkas sagt. Kafka *live,* um es so zu formulieren, der lebende Franz im Gasthaus, war oft eine äußerst unergiebige Figur für seine Freunde. Schwieg und schwieg, eingeschlossen in unsichtbare Mauern, die auch sein Freund Max nicht zu durchbrechen vermochte. Was hätte er auch sagen sollen? Nur metaphorisch wußte er über sich Bescheid. Er dachte dann, daß er in seinen Werken alles überdeutlich ausgeplaudert habe und daß seine Nächsten, der Vater vor allem, tot zusammenbrächen, wenn sie es zu sehen bekämen. Wenn sie seine mörderische Verzweiflung erfaßten, und ihre Schuld an ihr. Kafka fürchtete, erkannt zu werden, und gleichzeitig ersehnte er nichts mehr als das. Daß der Vater ihn, den er eben noch als Versager behandelt hatte, jäh in seiner herrlichen Begabung sähe. Das war ein zerreißender, unlösbarer Konflikt. Kafka löste ihn so, daß er Max Brod bat, seine Manuskripte zu verbrennen. Er verlangte das nicht von ihm, weil er dachte, er sei ein schlechter Schriftsteller. Er wußte, daß er gut war. Er wußte, daß er unendlich viel besser schrieb als zum Beispiel Max. (Max Brod, ein warmherziger und großzügiger Mensch, wußte es auch: er hatte die Kraft, das auszuhalten.) Kafkas Irrtum war, daß er dachte, der Vater oder meinetwegen seine Mutter und seine Schwestern könnten die Metaphern deuten, die er wählte. Sie hätten es nicht gekonnt – der holzklotzige Vater nicht einmal andeutungsweise –, so wie wir es nicht können, oder immer nur halbwegs, so daß Kafka immer wieder einen Notausgang findet, durch den er uns entwischen kann. Es gibt für Kafkas Rätsel nicht *eine* Lösung. Erst die Summe vieler Antworten mag bewirken, daß sich der Schlüssel im Schloß zu bewegen beginnt, und es bleibt immer ein Rest.

Literatur braucht Distanz. Kein größerer Irrtum als jene Betroffenheitsliteratur, die eine Zeitlang, vor kurzem noch, in Mode war und die dachte, je offener das direkte Geständnis, desto heftiger die Wirkung. Nein. Denn die kochenden Gefühle verwandeln sich beim Schreiben – beim Schreiben von Literatur im emphatischen Sinn des Worts – in ein konzentriertes Beobachten des Stoffes und sind am Ende für den Schreiber kaum mehr zu spüren. Als sei eine Glasscheibe dazwischen. Das Schreiben auch des Schrecklichsten, gerade des Schrecklichsten, geschieht seltsam kalt. Spürten wir genau, was wir schreiben oder schreiben wollen, wir könnten es nicht. Der Schmerz würde uns zerreißen, und wir schrieben kein Wort mehr. *Darum* auch die Distanz. Darum auch weiß der Dichter als letzter, was er geschrieben hat. Darum merkt er es zuweilen nie. Losgelöst von seinem Stoff, den er in seine Bücher verbannt hat, geht er, fast unbeschwert, seines Wegs. Hält sich für einen Harmlosen vielleicht gar. Kafka im Gasthaus, um so mehr wir Zeitgenossen, wir wirken, wenn wir nicht schreiben, genauso blöd oder klug wie unsere Nachbarn am Wirtshaustisch. Oft wesentlich blöder. Der nichtschreibende Dichter ist nicht besonders interessant.

So will auch ich hier *nicht* von meinem privaten Schmerz sprechen, kennte ich ihn denn überhaupt so gut, daß ich das könnte. Sagen kann ich allenfalls – so viel glaube ich von mir zu wissen –, daß ich eine Kindheit lang alle Wörter und Sätze der Erwachsenen interpretierte, deutete, weil sie mir nie (sagen wir: selten genug) das zu sagen schienen, was der Wortsinn behauptete. Ja, die ganze wirkliche Welt erschien mir als ein Betrug, eine Inszenierung, die mich ablenken sollte. Schön an der Oberfläche: aber diese verbarg etwas. Ich traute der schönen Oberfläche nicht, traue ihr bis heute nicht so recht. Hatte immer das Gefühl, sie sei eine von irgendwem vor mich hinprojizierte Bildwand, hinter deren trügerischem Glanz sich die wirkliche Wirklichkeit verbarg. Ein Fußtritt, und ich stieße hindurch und *sähe.* Ich wollte immer verstehen, und ich bin sicher, daß ich Schriftsteller geworden bin, um zu verstehen. Aus Mißtrauen, ich, der ich gern allen vertraut hätte. Mit meiner Aufmerksamkeit für die Sprache wurde ich früh dahin gedrängt, wo ich heute noch bin. Es gibt ja viele Schriftsteller, und nicht die schlechtesten, die einen ganz andern Weg nehmen. Sie haben einen Stoff, einen bedrängenden Inhalt, eine Botschaft vielleicht, und für diese suchen sie dann nach einer Sprache, die sie transportieren soll. Die Sprache stellt sich als letztes und oft unwillig ein. Friedrich Dürrenmatt hat mehrmals davon gesprochen, daß er eigentlich keine Sprache habe, ein fremdes Verhältnis zu ihr: er sah auf die Inhalte. Die Stoffe. Ich habe inzwischen auch Inhalte, aber ich glaube, ich bin einer, der zuerst die Sprache hatte, auf die Sprache hörte, ihre schönen und falschen Töne: ohne einen Inhalt zu haben zuerst. Dieser mußte zuerst gedeutet werden. War hinter den vielen Wörtern verborgen.

Schon mein Vater war ein Mann der Bücher gewesen. Er war ein Lehrer, und er war, glaube ich, ein guter Lehrer. Aber zu Hause sah ich ihn vor allem an der Schreibmaschine sitzen. Er übersetzte die halbe französische Literatur ins Deutsche, und er *liebte* die Bücher. Mehr als das Leben, so schien es mir damals. Heute denke ich, er liebte das Leben noch mehr, kam aber mit ihm nicht so ganz klar, und so liebte er eben die Bücher über alles. Eine zweitbeste Lösung.

All das hatte zur Folge, daß ich mir schwor, ich würde dann einmal, groß geworden, für ein gutes *Leben* sorgen, nicht für gute Bücher. Was ist ein Buch gegen ein Leben.

Bis heute denke ich das. Das Leben, das konkrete Leben hat allemal Vorrang. Wie widerwärtig sind mir Schriftsteller, die nur im Hinblick auf ihre Bücher leben. Die lauernd durchs Leben gehen und es nur als einen Stoff ansehen. Als Bestätigung ihrer diffusen inneren Konzepte, und wenn es widerspricht, werden sie ungehalten. Werfen der Wirklichkeit vor, daß sie sich nicht so verhält, wie sie das von ihr erwarten. Wer so schreibt, wird in kürzester Zeit wirklichkeitsblind, notwendig. Denn bald sieht er nur noch, was er sehen *will,* was er für sein Werk für notwendig hält, und halluziniert den Rest der Welt weg. – Meine Utopie war im Gegenteil lange Zeit, die Kunst unnötig werden zu lassen, weil das Leben endlich selber glücklich geworden wäre. Was bräuchten wir da noch die Kunst. Wir hätten keine Angst mehr. Vielleicht wäre der Tod besiegt. So weit wird es nicht kommen. Eher geht die Welt unter. Die Schriftsteller werden mehr Arbeit bekommen, nicht weniger, auch wenn wir am Ende vielleicht Geistlichen gleichen werden, die ihren Lesern die Letzte Ölung verabreichen.

Um auf meinen Vater zurückzukommen, er hatte die seltsamste Technik, auf seiner Schreibmaschine zu schreiben. Schrieb mit einem Finger, wie ein wahnsinniger Hüpffrosch. Ein Leben lang wollte er ein Buch schreiben, einen Roman, und tat es nicht. Ich bin ihm dankbar. So konnte ich es tun, kann ich es tun. Ich stehe auf seinen Schultern. Er ist durch jede Menge Wände kopfvoran hindurchgedonnert, durch die ich jetzt unverletzt und aufrecht schreiten kann, durch die von ihm geschlagenen Türlöcher. Ach, ist das Leben kompliziert. Nie nämlich hat er erfahren, daß auch ich der Literatur zuneige. Während er lebte – er starb recht jung –, tat ich so, als sei ich Fußballer und Bergsteiger. Erst als er starb, verwandelte ich mich, fast auf der Stelle, in einen Schriftsteller. Manchmal müssen die Väter sterben, bevor die Söhne oder Töchter sich zu rühren beginnen. Ich war ein Leben lang mit Mozart identifiziert gewesen, obwohl ich bis heute nur Mundharmonika spielen kann. Las mit zwölf Analysen seiner Sinfonien und Streichquartette, mit glühendem Interesse, obwohl ich ein g nicht von einem fis unterscheiden konnte. Erst als ich erwachsen war, kam ich meiner Leidenschaft auf die Schliche. Es war recht einfach. Da war natürlich diese wunderbare Musik, aber Mozart, der geniale Mozart, hatte eben auch einen Vater gehabt, einen ebenfalls sehr begabten, Leopold, den Komponisten des Schlittenwalzers und eines Lehrbuchs des Violinspiels *(mein* Vater hatte mehrere Französischlehrbücher geschrieben), und meine Liebe zu dem herrlichen Wolfgang Amadeus bedeutete: ein Sohn *kann* seinen Vater übertreffen. Er darf das sogar. Also übertraf ich meinen Vater ohne Schuldgefühle, und heute, zum Beispiel, wenn ich nach Graz fliege, denke ich – ich bin eine Art heidnischer Christ, dem die griechischen Götter die liebsten sind –, ich sehe ihn auf einer Wolke hocken, in einem weißen Nachthemd, und er winkt mir, winkt mir erfreut und mit mir einverstanden, denn er sieht von dort oben ganz gut, was ich so treibe.

»Warum schreiben Sie?« – ich frage mich das jetzt zum letzten Mal, zum letzten Mal so explizit, und zum ersten Mal fällt mir auf, daß ich Sie zu mir sage. Wie höflich von mir! Schreiben hat viel mit Magie zu tun, mit Zaubern, es ist immer wieder und nicht nur bei mir der Versuch, die ungenügende Wirklichkeit mit Wörtern besser zu zaubern. Das klingt kindischer, als es ist, beziehungsweise, so kindisch sind wir Menschen alle. Unser Hirn ist kein Computer, gottseidank alles in allem, leider zuweilen natürlich auch. Die Wirklichkeit, die so eindeutig zu sein scheint, ist »in Wirklichkeit« nichts anderes als das innere Bild, das wir uns von ihr machen – wir kennen und können nichts anderes –, und alles, was wir handelnd in sie hineintragen – Literatur, Wissenschaft, auch die exakteste –, ist von diesem subjektiven Bild geprägt, das bei jedem von uns je verschieden ist. Da kann man schon verzweifeln. Verzweifelt waren sicher auch die ersten Dichter, und ich glaube, man sagt mit guten Gründen, daß die Menschendichtung als Ganzes mit Zaubern angefangen hat. Natürlich wissen wir nicht viel Genaues über jene fern zurückliegenden Zeiten, da die Natur die noch sehr vereinzelten Menschen so übermächtig terrorisierte, daß diese sie nur in einer Mischung aus permanentem Todeskampf und fabulöser Verleugnung aushielten. Die erste Dichtung war jedenfalls gewiß Zauberdichtung, der durchaus verzweifelte Versuch, mit magischem Singen der schrecklichen Natur Herr zu werden. »Bên zi bêna, bluot zi bluoda!« Die Dichter waren Zauberer, oder die Zauberer waren Dichter, wie man will, jedenfalls sprachen sie Verse, die etwas bewirken sollten, was außerhalb jeder »normalen« Macht lag. Den Tod bannen, zumeist. Die Schamanen, die Zauberdichter, traten singend und heulend weite Reisen an, in sich immer steigernder Ekstase, in der zuweilen, aber durchaus nicht immer, Drogen eine Rolle

spielten, und gelangten bis ins Reich der Toten, während ihr Körper leblos auf dem Boden lag. Orpheus ging ins Totenreich, während zu Hause alle bebend bei seinem Körper warteten. Bange Minuten – Stunden? – während derer die Natur den Atem anhielt. Dann kehrte er in seinen Leib zurück und berichtete. Daß er die schon fast gerettete Eurydike zurücklassen mußte, und wie. Orpheus ist der erste Zaubersänger, und er ist bis heute so anrührend, weil er – gleich als erster – scheiterte. Er lebte uns in den mythischsten Urzeiten eine Erfahrung vor, die immer noch unsere ist: daß wir zwar immer wieder zaubern, nie aber wirklich erfolgreich. Das Scheitern ist, von Orpheus bis Beckett, *das* Thema der Literatur überhaupt geworden. Heute natürlich, nach der europäischen Aufklärung und dem stolpernden Siegeszug des logischen Denkens, ist das Zaubern nicht mehr unser einziges Mittel der Weltbeherrschung. Wir fühlen uns nicht mehr nur als Zauberer. Im Gegenteil, wir versuchen, rational zu handeln, und wir bemühen uns auch, im hellen Lichte der Vernunft zu schreiben. Nur, wie weit kommen wir damit?
Wir müssen die Geschichte der Entwicklung des menschlichen Bewußtseins von verzweifelt-magischen Bannanstrengungen bis zu einer rationalen Beherrschung dessen, was wir denken und fühlen und tun, nicht unbedingt in eine lange Menschheitsgeschichte hineinprojizieren. Es reicht auch unsere eigene Geschichte, unsere Lebensgeschichte vom kleinen Kind bis zum Erwachsenen. Denn jedes Kind benimmt sich wie Orpheus, wie jene ersten Schamanen, es begegnet der Welt magisch und versucht, sie durch die Kraft seiner Gedanken zu verändern. Jeder und

jede von uns hat das getan, und da wir alle lebenslang kindlich-archaische Denk- und Empfindungstypen in uns aufbewahren, tun wir das auch heute noch. Gebrochener, heimlicher, nicht so optimistisch. Die Dichter mindestens bewahren sich lebenslang etwas von dieser Zauberhoffnung auf, ganz offen. Vielleicht sind die Dichter überhaupt die, die jederzeit und simultan beides sein können, Kind *und* Erwachsener, durchlässiger als andere, die jeweils nur eine Stufe ihrer Lebensgeschichte aktivieren können. Dichtung ist so immer erneut Wörterzauber, auch heute, und soll die Welt auf einen Schlag anders machen. Auch die Leser erwarten offenkundig immer wieder so etwas von einem Buch. Woher sonst kämen die immer wiederholten Vorwürfe an die Dichter, schon wieder »nur« ein Buch geschrieben zu haben, und die Wirklichkeit sei immer noch nicht verändert. Einem Straßenbahner macht man nie den Vorwurf, er habe seine Straßenbahn »nur« bis zur Endstation gefahren, und im übrigen sei der Erdenball immer noch defekt. Ja, auch die Leser erwarten oft magisch viel von einem Kunstwerk. Dabei haben Bücher nur selten die Welt verändert. Die Bibel. Das Kapital. Es kommt vor, aber es kommt selten vor.

Dient das Schreiben der Erkenntnis, wenigstens? Ach, Ziel des Schreibens, *ein* Ziel, ist wohl tatsächlich so etwas wie Erkenntnis, das genauere Erkennen jener dunklen Bereiche, die bislang diffus und unformuliert in uns und um uns herum waren und die erst durch ihre Formulierung ins Licht des Wirklichen eintreten. Was bei manchen philosophischen Köpfen zu der Vorstellung geführt hat, daß, was nicht formuliert sei, überhaupt nicht existiere. Ein bestechender Gedanke, an den sich das Ungeheuer in Loch Ness dennoch nicht hält. Gewiß wollen wir schreibend erkennen, aber ebenso heftig ist gleichzeitig unsere Abwehr jeder Erkenntnis – denn das Erkennen schmerzt zumeist –, und so kommt mir das Schreiben wie ein permanenter Kampf vor, in dem der Erkenntnisdrang und die Abwehr gegen die schmerzvolle Erkenntnis mit gleich starken Waffen kämpfen, so daß diese Auseinandersetzung denn auch meist mit einer Art Unentschieden ausgeht. Die Metapher – alle erzählende Literatur ist metaphorisch – ist ein Kompromiß. Der Sieg der Erkenntnis wäre der glasklare Begriff.

Wer schreibt, will seine Geschichte erzählen, aber will auch die Geschichte des Lesers sagen. Es gibt keinen Schreiber ohne seinen Leser. Es gibt keine Geschichte ohne den oder die, die oder der sie liest. Auch der Leser ist ein Schöpfer, er gestaltet lesend die Geschichte mit und in Teilen neu und macht sie so zu seiner Geschichte. Erst eine Geschichte, die so allgemein ist, daß die Leser sie als *ihre* Geschichte lesen können, betritt jenen öffentlichen Raum, den wir Literatur nennen. Sonst ist sie halt ein Protokoll individueller Freuden und Sorgen, ohne öffentliches Interesse. Die besten Geschichten sind immer die Geschichten *aller* gewesen. Warum sonst erzählte man sich die Sage von Ödipus heute noch? Doch nicht aus Liebe zur Bildung! Ja, jedes Kind erzählt sie seiner Mutter, ohne sie zu kennen, in einer eigenen Version, als eigene Erfahrung. Nur weil wir in einer Geschichte etwas suchen, was uns angeht, treten wir in einen Dialog mit dem Buch, das wir in den Händen haben. Sehen wir einmal von der altbekannten Tatsache ab, daß, wenn ein Buch und ein Kopf zusammenstoßen, es nicht immer das Buch ist, das hohl klingt, bleibt, daß nicht jedes Buch zu jedem spricht. Ein Leser, ein autonomer Leser, muß langsam zu wählen lernen. Zu spüren, welches sein Buch ist und welches nicht. Im Lauf eines Lebens, das ist meine Erfahrung, hat man dann vielleicht acht oder zehn Autoren versammelt, die wirklich zu einem sprechen, wirklich und ganz und erregend. Man erkennt diese ganz eigenen Autoren daran, daß man ganz ohne Zwang und ganz wirklich versucht, *alles* von ihnen zu lesen, auch das »Abgelegene« und das »Unbedeutende«. Wir lesen sie, weil wir schon den Klang ihrer Stimme lieben. – Und natürlich spricht nicht jedes Buch zu jedem Lebensalter. Zu jeder Lebenserfahrung. Sie können nichts dafür, und die Uni kann auch nichts dafür, aber Ihr Schicksal als Germanistikstudenten ist, daß Sie allzu oft und unvermeidlich mit Werken konfrontiert sind, die von der Lebenserfahrung von Vierzigjährigen sprechen. Wie sollen Sie sie interessant finden! Der *Don Quixote*, nur zum Beispiel, ist, wenn man ihn mit zwanzig liest, ein anderes Buch als mit vierzig. – Ich werde es dann mit siebzig noch einmal versuchen. – Was man nicht zu sehen bereit ist, das sieht man nicht. Das Leben, wenn es Sinn machen soll, ist ein langsames Einüben ins Erkennen. Es braucht Zeit, sehr viel Zeit, und dazu kommt, daß man nicht nur dazulernt, sondern, o weh, auch vergißt. Der Hase und der Swinegel. Ein hoffnungsloses Rennen. Das Ziel nennt man wohl Reife, aber die Frage ist, ob es sie tatsächlich gibt, diese ideale Reife, wo wir doch unterwegs auf unserer Lebensstraße ähnlich viel verlieren, wie wir dazugewinnen.

Zum Abschluß dieser heutigen ersten Vorlesung will ich nochmals auf das Zaubern zurückkommen. Die Zauberdichtung. Ich komme Ihnen gewiß nicht wie ein Schamane vor. Heute gibt es niemanden mehr, der seinen Körper verläßt, während dieser schläft, und ins Totenreich hinabsteigt. Wozu auch? Heute ist die Natur nicht nur domestiziert, sondern totgeschlagen. Sie fürchtet sich vor uns, nicht mehr andersrum. Habt Ihr die Bäume gehört, wie sie ächzen, wenn wir einen Wald betreten? Schamanen können nur unter der Bedingung tödlicher Bedrohung auftreten, in einer Stimmung allgemeinster Panik, die nach Erlösung lechzt. Wahrscheinlich gibt es unter den Feldhasen Schamanen, bei den aussterbenden Elefanten. Ja eben. Stellt sich nicht jene kollektive Bedrohung, Vorbedingung aller Zauberliteratur, auch für uns gerade wieder ein? Es ist nun nicht mehr der Überfluß der Natur, der uns tötet, sondern ihr völliges Verschwinden, inklusive des trinkbaren Wassers und der atembaren Luft. Wir haben, während uns unsere kollektive Dummheit umbringt, wohl wieder einige Schamanen nötig, und also werden sie sich auch wieder einstellen. Magische Dichter. Sie wären dann die letzten, so wie ihre Zauberahnen einst die ersten waren. Der Kreis, den wir Menschen auf dieser Erde gingen, wäre geschlossen.

Wir landeten diesmal nicht in einem Gewölbe, sondern in einem holzgetäferten Lokal, dessen Wirt versuchte, die steirische Küche und die Nouvelle cuisine zu versöhnen. Das hinderte uns nicht daran, angenehm zu essen, viel zu trinken und herzlich zu sprechen. Zu Hause freute sich Hraban, der maurische Köter, daß ich wieder da war, und rannte mir voraus ins Bett. Zum Glück trug er ein Halsband, an dem ich ihn in sein Küchenkörbchen zurückzuschleppen vermochte, und es kann sein, daß ich ihm versprach, ihn im Wiederholungsfalle an eben diesem Halsband in den Kamin zu hängen. – Mit Klaus trank ich noch zwei drei Schnäpschen, und wir sprachen ein bißchen von Hunden.

2

Aller Anfang sei schwer, sagt das Sprichwort, *so fing ich am nächsten Abend meine zweite Vorlesung an,* und wie viele andere Sprichwörter zementiert auch dieses ein Vorurteil. In der Regel ist der Anfang leicht. Beispiele sind: die englische Sprache, die Liebe, das Leben, das Germanistikstudium und auch das Schreiben. Am Anfang sieht der Weg unendlich weit aus, schön und verführerisch, und erregt beginnt man ihn zu gehen. Kümmert sich noch nicht sehr darum, wie man die Wegstrecke bewältigen will und wird, wenn die neue Bewegung nur so heftig ist, daß man zügig vorwärtskommt. Später dann beginnt man zu ahnen, daß jeder Weg, auch dieser, ein Ende hat. Jeder schreibt einmal ein letztes Wort. Das Ende ist schwer. Jeder, der dahin kommt, kann es bestätigen. In der englischen Sprache, in der Liebe, im Leben, im Germanistikstudium und auch beim Schreiben. Und so will ich nun zuerst von meinen leichten Anfängen sprechen. Ich war schon früh einer, der einen Bleistift in der Hand hatte und Wörter aufschrieb. Konnte schon als Kind in gereimten Vierzeilern reden und kann das immer noch. Immerhin hatte mein Vater, der mich offenbar durch diese Vorlesungsreihe begleiten soll, *alle* Kalauer gemacht, die es jemals gegeben hat und die es je geben wird. Nicht erst seit jetzt, wo man ungestraft die Stadt Calau aufsuchen darf – sie liegt in der Niederlau-

sitz –, träume ich davon, mich dort in eine Gaststätte zu setzen und den Calauern zuzuhören, ihren Kalauern, und irgendwann würde ich mich mit denen meines Vaters einmischen. Statt »Perserteppich« sagte er »Perverserteppich« – auf dem Niveau spielte sich alles ab. – Vielleicht rührt aus jener Zeit schon meine Liebe zu den Wörtern ohne Niveau her, den sogenannt unanständigen Wörtern, kurz, den Verachteten unter den Wörtern, den Proletariern sozusagen. Denen, die keine bürgerliche Geltung haben. Darum vielleicht liebe ich Bücher wie Artmanns *Nachrichten aus Nord und Süd*, eine wahre Kalauerorgie, oder Wolfgang Hildesheimers *Brief an Max* so besonders, die von andern als leichtgewichtig beiseite geschoben werden, während sie für mich einen Bereich der Sprache betreten, in dem die Anarchie zu herrschen beginnt und die bürgerliche Ordnung ihre Macht verloren hat. – Wie alle Schriftsteller bin ich ein Erinnerungselefant. Alle Schriftsteller sind das, durchaus unfreiwillig. »Die Erinnerung ist das einzige Paradies, aus dem wir nicht vertrieben werden können«, sagt Jean Paul in einem berühmten, eigentlich stets zustimmend zitierten Satz. Vermutlich hat er ihn nicht so plakativ positiv gemeint. Denn zum einen ist die Erinnerung nur in den seltensten Fällen ein Paradies, viel häufiger eine Hölle und in der Regel das eine *und* das andere, zum andern können wir sehr wohl aus diesem Höllenparadies vertrieben werden. Schreiben ist Erinnern, und Erinnern ist eine Arbeit, die *ganz* nie geleistet werden kann.
Als ich jung war, so in Ihrem Alter, früher eigentlich, sagte mir ein deutliches Gefühl, daß ich schreiben wollte. Ein Trieb, der mich zur Schreibmaschine eilen ließ. Aber dann

saß ich vor ihr und vor der großen Frage, die mich mit drei Buchstaben drohend anschaute: WAS. Was? *Was* sollte ich schreiben? Auch meine Jugend brachte, wie alle Jugenden, einen bemerkenswerten Mangel an aufschreibensreifer Erfahrung mit sich. Alles war immer noch ewige Gegenwart. Viel Trieb, wenig Inhalt. Also beschäftigte ich mich um so heftiger mit der Form, und bald einmal merkte ich, daß ich da nicht der einzige war. Ich war, ohne es explizit sein zu wollen, eine Art Avantgardist geworden. Ich glich ein Defizit an Erfahrung durch heftigen Formwillen aus. Ich sage nicht, daß dies die Avantgarde als Ganzes definiert, o nein!, denn die besten Avantgardisten, die wahren, wählen ihre unvertraute Form natürlich, weil die bisher gewohnte für das, was sie sagen wollen, nicht genügt. Man wählt neue Formen nur – wenn man kein Angeber ist –, um komplexer gewordene Wirklichkeiten präziser zu fassen. Es geht keinem Avantgardisten darum, weniger Wirklichkeit zu erfassen. So gesehen waren auch Hugo Ball oder Konrad Bayer Realisten, denn auch sie wollten mit ihren verstörend-neuen Formen *mehr* Wirklichkeit einfangen. Jedenfalls: ich liebe Avantgarden und werde nur rabiat, wenn das Vorherrschen der Form verbergen soll, daß der Inhalt der allerkonventionellste ist. Zudem stört mich an dem Begriff ein bißchen, daß er die Literatur als eine Art Wettlauf zu sehen scheint, bei dem der eine vor dem andern läuft. Gerhard Rühm sieben Meter vor Ernst Jandl oder umgekehrt. Dabei gibt es wohl eher verschiedene Wege zum Ziel, und das Ziel ist der Weg. Waren die jungen Romantiker weiter vorn als der gleichzeitige Goethe? Die Frage kann so nur falsch gestellt sein.

Kleist nervte Goethe mit seiner *Penthesilea* so, daß der sie in den Kamin warf. Natürlich war das ungerecht, und natürlich fühlte sich Goethe bedroht von dieser jungen neuen wilden Generation, die ihn heftig an seine suizidalgroßartigen Anfänge erinnerte. Dennoch. Das Gesetz, das sagt, daß die Söhne die Väter auffressen und ihre abgenagten Knochen auf den großen Haufen der Geschichte werfen, macht, meine ich, immer neue wütende Jünglinge und heftige Damen nötig, mir ähnlich damals, wo ich vermeintlichen Langweilern wie Max Frisch oder Heinrich Böll, den Vätern eben, kein Wort abgenommen hätte. Natürlich ist in einer solchen Haltung ein gewaltiges Stück Irrtum verborgen, Blindheit aus Selbstschutz, notwendig und sinnvoll dennoch, weil kein Künstler mit mildem, großzügigem Verständnis für all die vielen andern, die schon längst ihre Meisterwerke geschrieben haben, zu seiner Schöpfungsreise aufbrechen kann. Wir sind auch Raubtiere, müssen es sein. Zu Beginn hat man, glaube ich, kaum eine andere Wahl, als – völlig realitätswidrig – so zu tun, als sei man der erste. Der erste, der schreibt. Man erfindet das Rad nochmals und stiehlt den Göttern das Feuer ein zweites Mal. Heute allerdings, wo ich selber ein Vater geworden bin, irritiert mich eher, daß durchaus wenige Söhne und Töchter uns Vätern an den Kragen wollen. So sind wir immer noch jung. Das ist ja ganz schön, aber andrerseits bin ich nicht Atlas und will diese Erde nicht ewig allein tragen.

Ein ganzes Jahrzehnt jedoch, bis ins Jahr 1968, schrieb ich und schrieb, mehrere Romane und ein paar Theaterstücke, und wußte immer, das war es nicht. In dem unendlichen

Wörtermeer, in dem ich schwamm, fand ich nie *meine* Wörter. Alle kamen mir gleichwertig vor, und dadurch gleichgültig. Solange ich dieses Wort wählen konnte oder jenes, als spiele das keine Rolle, wollte ich überhaupt keines haben. Ich wollte gewählt werden, von etwas unwiderruflich Notwendigem, von Wörtern, die mich anfielen und denen ich nicht hintendreinrennen mußte, und hielt mich bereit dafür, indem ich an der Schreibmaschine saß und die Finger über die Tasten hielt und wohl auch hie und da etwas schrieb. Ich wollte meinem Schicksal wenigstens die Chance geben, zur Tür hereinkommen zu können. Es sollte nur *eine* Geschichte geben, die zu schreiben war, *einen* Text, mit den Wörtern, die sich dann notwendig einstellten. Wie ein Gesetz. Aber leider kann man seinen Hoffnungen keine Befehle erteilen, das heißt, man kann schon, aber wie die Katzen hören sie nicht zu. Lange kam also der notwendige Text nicht, nur Roman um Roman, und es mag Momente gegeben haben, wo mich der Gedanke durchflog, vielleicht kommt er nie. – Das Problem der »eigenen Sprache« wurde zusätzlich dadurch erschwert, daß ein theoretischer Instinkt mir sagte, daß es sie gar nicht gebe. Nicht geben könne. Denn unser Problem ist ja vorerst nicht, eine eigene Sprache zu finden, sondern im Gegenteil langsam die Sprache aller zu lernen. Eine Anpassungsleistung, keine der Individuation. Wie stolz und wie zu Recht stolz ist das kleine Kind, wenn es endlich Alle meine Entlein singen kann. So geht das dann weiter, immer weiter, so daß die Sprache bald einmal nichts anderes als ein riesiger Zitathaufen zu sein scheint. Jedes Wort schon tausendmal gesagt. Nichts Eigenes, aber auch gar nichts. Wir haben allenfalls das letzte Wort, aber nie das erste. Die Bibel mit ihren gesetzstiftenden Wörtern ist schon geschrieben, aber es war damals, als Gott sich an die Arbeit machte, auch einfacher als heute, eine Bibel zu schreiben. Gott, unser erster Kollege, hatte eben das *erste* Wort. Das war seine Chance, und er nutzte sie. Alle zeitgenössische Literatur baut denn auch auf der Erkenntnis auf, daß die eigene Sprache *nicht* die eigene ist, auch wenn sie die verschiedensten Schlüsse daraus zieht. Beckett andere als Jandl, aber das Gefühl, eine Art Duchlaufgefäß für den Wörtermüll unserer Gesellschaft zu sein, haben beide. Nur, warum schreibt ein Jandl dann doch anders als ein Beckett, und warum erkennen wir auf Anhieb einen Text von Artmann oder Achternbusch? Auf einer zweiten Ebene – über der Erkenntnis, daß es aus mit dem individuellen Schreiben sei, mit dem »Stil« – stellt sich dann just dieses verlorengeglaubte individuelle Schreiben wieder ein. Der Stil. Die scheinbar unmöglich gewordene Autonomie, die jetzt eine Art Autonomie zweiten Grades geworden ist. Jeder hat dann wieder seine eigene Sprache, das, was nur er ist und kann, und zwar umso mehr, als ihm oder ihr die damit verbundenen Probleme bewußt sind. Eigene zu werden, das mißlingt denen, die naiv an das Eigene glauben und volle Pulle blindlings auf den einzigartigen Satz und das herrliche Adjektiv losbrausen. Wenn das Eigene aber gelingt, ist es etwas Wunderbares, natürlich auch, weil es so selten und so schwierig ist. Das Schöne an Literatur ist ihre Einzigartigkeit, daß in ihr ein einzelner zu einem einzelnen spricht. Eine einzelne zu einer einzelnen, und so weiter in allen Varianten.

Ich weiß noch genau, wie ich *meine* Sprache fand – mindestens eine, die ich als meine empfand. Ich saß im Estrich des Hauses in Frankfurt am Main, in dessen ersten Stock ich eigentlich einziehen wollte und nicht einziehen konnte, weil mein Vormieter sie renovieren sollte und immer auf Leitern stand, von denen herab er auf mich herunterredete, statt zu weißeln!, und ich floh endlich in den Estrich und nistete mich dort ein und hatte meine Schreibmaschine auf einer Kiste und hockte im Schneidersitz da und begann durchaus absichtslos auf ihr zu schreiben, in einer Mischung aus Wut, Verzweiflung und Langeweile, ohne besonders auf einen Sinn zu achten und zu hoffen, und ich spürte jäh, daß *etwas* geschah. Ich hatte plötzlich so etwas wie *mich* gefunden, meine Geschichte mit meinen Wörtern, und ich wagte nicht, mich zu rühren, obwohl ich ganz krumm auf meinen Arschbacken saß, und ließ nur die Finger herumtoben und las endlich, was ich da geschrieben hatte. Es war der erste Text, den ich dann einem Verleger anbot, und er druckte ihn, und ich war ein Schriftsteller geworden.
Wahrscheinlich ist mein Herumreiten auf dem Begriff der Sprache ein Vorwand. Wahrscheinlich geht es gar nicht so sehr um sie – mit ihr hat man beim Schreiben nur immer so direkt zu tun, wie der Maler mit seinen Farben –, wahrscheinlich geht es tatsächlich um Erfahrung. Irgendwann hatte ich das Gefühl, daß nicht nur andere etwas erlebt, erfahren, erlitten hatten, sondern auch ich. Ich hatte auch Tode erlebt, Kinder auf die Welt kommen sehen, und ich begann zu begreifen, daß man auch in einer scheinbaren Idylle – bei uns gab es keinen Krieg wie anderswo – seine

Höllen durchleben kann. Der Tod tauchte auf. Der Tod war immer schon in der Nähe herumgestreunt, aber ich hatte doch eine ganze Weile lang so zu tun vermocht, als gehe er mich nichts an und hole nur Großmütter. Es gibt ein Paradies auf Erden, es ist die Zeit, da man den Tod noch nicht begriffen hat. Inzwischen denke ich, daß alles Schreiben der Versuch ist, dem Tod ein Schnippchen zu schlagen. Wir schreiben immer vom Tod, gegen ihn. Trotzdem weiß ich nicht, ob Elias Canetti, der Meister aller Klassen im Todbannen, recht hat mit seinem Versuch, ihm sein Recht abzusprechen. Der Tod ist die einzige Notwendigkeit, die uns alle gleich macht. Gut, meine Mutter sagte zu mir, auch der Kaiser muß aufs Klo, aber das ist doch eine wenig pathetische Gleichheit. Andrerseits habe ich mir oft überlegt, daß die Menschheit vielleicht gerettet werden könnte, wenn es die Unsterblichkeit gäbe. Denn dann müßten die, die uns unsre tödliche Zukunft böswillig einbrocken – aufheulend vor Gier, und egal, wenn nach ihnen die Sintflut kommt –, die Suppe selber auslöffeln, die sie sich dann auch selber einbrockten. Das könnte sie vorsichtig machen. Ich jedenfalls, solange ich ein Buch schreibe und nur dann, fühle mich unsterblich. Ich denke, daß mich der unfertige Text schützt. Ich kann nicht sterben, bevor er abgeschlossen ist. So ist das Setzen des letzten Punkts tatsächlich ein gefährlicher Moment. Gleichzeitig nehme ich ihn gelassen hin. Etwas abzuschließen ist ja auch ein Triumph, und sei es, das Leben abzuschließen. Es gibt eine chinesische Geschichte, die uns erzählt, daß die chinesischen Schriftsteller alle nur *ein* Buch schreiben in ihrem Leben. Denn, wie groß und mächtig sie auch beginnen mögen, im Lauf des Schreibens werden sie immer kleiner, und wenn sie sich dem Ende nähern, sind sie ganz klein geworden. Sie setzen den Schlußpunkt und verschwinden zusammen mit ihm in ihrer Schöpfung. In jedem chinesischen Buch, wenigstens in den älteren, wohnt der Dichter selber, seine Seele, und entsprechend ehrfürchtig lesen die Chinesen ihre Bücher, besonders die letzte Seite.

Vielleicht liebe ich darum die Bewegung. Das heißt, ich liebe sie nicht eigentlich, ich bin zu ihr gezwungen. Wer flitzt, könnte dem Tod entkommen. Der kleine Däumling im Märchen wird von der Kuh gefressen – eine sehr helvetische Schreckvorstellung –, landet auf dem Hackebrett des Metzgers und weicht seinen Beilschlägen mit wilden Sprüngen aus. Ich sah in ihm immer eine Metapher für mein Leben. In der Tat reisen in meinen Büchern die Helden zuweilen geradezu panisch herum. Warum? Warum können sie nicht bleiben? Ich denke nämlich, daß das Bleiben wichtiger und schwieriger ist. Es ist einfacher, zum Kap der Guten Hoffnung aufzubrechen als zu Hause zu bleiben und mit der eigenen Begrenzung konfrontiert zu sein. Im wirklichen Leben ist das Reisen sowieso problematisch geworden. Millionen sind unterwegs, wozu?, vermutlich, um endlich irgendwo jemanden zu sehen, der bleibt. Keine Frage, daß südliche Inseln nicht nur des warmen Badewassers wegen so beliebt sind, sondern weil dort Menschen leben, die niemals auf die Idee kämen, zu *uns* zu kommen. Natürlich reisen die aus den häßlichen Ländern. Wir, die Japaner, die Deutschen.

Wäre ich Diktator der Welt (ein alter Schriftstellertraum), würde ich als allererstes, noch bevor ich die Autos und die

Fußgängerzonen verböte, das Reisen unterbinden. Ich wäre dann auch nicht hier bei Ihnen, oder ich wäre zu Fuß gekommen, denn das Zu-Fuß-Gehen wäre gestattet. Wo man die Distanz hautnah erlebt. Ist es nicht erstaunlich, daß die Menschen früherer Zeiten unglaubliche Distanzen zurücklegten, und nie hört man ein Wort der Klage über die Länge oder Beschwerlichkeit der Reise? Goethe war in Rom, er, ein verhältnismäßig Reicher, immerhin in einer Kutsche reisend. Aber Hölderlin ging zu Fuß nach Paris. Noch Robert Walser, von dem wir später noch hören werden, fand nicht viel dabei, nur einfach mal so von Biel nach Genf oder Zürich zu gehen, alles Distanzen weit über hundert Kilometer. Einmal ging er von Zürich nach Würzburg, ohne unterwegs innezuhalten. Nur Mozart schimpfte immer über das Kutschengerüttel. – Ein Reiseschriftsteller heute ist eine lächerliche Figur. Einer, der nach Portugal fährt und die Ursprünglichkeit der Landschaft beschreibt. Es ist alles eine Frage der Geduld. Wenn die Klimakatastrophe kommt – wenn ist hier temporal gebraucht –, werden die versteppten und vertrockneten Griechen zu *uns* kommen. Sie werden an Ihren Wörtherseen sitzen und sich von Ihnen Speiseeis verkaufen lassen, und neue Reiseschriftsteller, griechische diesmal, werden zu schreiben beginnen. Bis anhin war die griechische Literatur eine des Bleibens gewesen, falls ich die *Odyssee* so richtig resümiere.

Natürlich bedeutet in der Literatur das Reisen etwas. Das Schreiben selber kommt mir wie ein Weg vor, der begangen werden muß, einem Pfad entlang, der weit vorn im Undeutlichen verschwindet. Also gehe ich ihn. Wenn ich dann einmal alt bin, uralt meine ich, und eine Gesamtausgabe kriege – eine Gesamtausgabe ist für jeden Schriftsteller die Ankündigung seines Todes; nur der Nobelpreis ist noch schlimmer –, dann möchte ich, daß meine Texte chronologisch angeordnet werden. Spüren Sie, daß dies wie eine Testamentsverfügung klingt? Wenn dann die Leser meine Sachen in der Folge ihrer Entstehung lesen, werden sie den Weg mitgehen können, jene Zeitdistanz, die hoffentlich auch so etwas wie eine Entwicklung ist. Denn ein Schriftsteller, der immer der gleiche ist, kann es bei *einem* Buch belassen. – Den andern, jenen, die sich bewegen, werden die zurückliegenden Bücher fremd. Sie staunen sie endlich an, als seien sie von andern geschrieben. Das könnten sie nie mehr, einerseits, andrerseits macht es sie wohltuend gleichgültig gegenüber dem, was die Welt nun so mit dem Buch treibt. Sie haben sich von ihm getrennt. – Im übrigen heißt anders nicht besser. Oft sind die ersten Bücher die besten. – Warum aber reisen die Helden in Büchern so oft? Odysseus, Moses, Parzival, Tristan, Don Quixote, Faust, Hamlet, Lenz, Old Shatterhand – eigentlich nur Oblomow bleibt. Bei mir hatte das zu Beginn biographische Gründe, Gründe der Seelenbiographie. Ich war immer ein Nestflüchter gewesen, kein Nesthocker, und war also meinem Vater-und-Mutter-Nest so früh wie möglich entflohen. Trennung, eine Trennung, die nicht ohne Gewaltsamkeit am eigenen Herzen abging. Gleich mein zweites Buch, es heißt *Die Forschungsreise*, wurde also ein Stück sorgfältigst larvierter Heimwehliteratur. Der Held reist aus Frankfurt in ein bergiges Land – welches wohl? – und besteigt verzweifelt einen eisigen Berg, auf dem er was? sucht, selber keine Ahnung, und kehrt dann wieder, halbwegs erlöst, aber nicht ganz, nach Frankfurt zurück. Ich wollte mir die Heimat abgewöhnen, indem ich schreibend immer erneut in sie zurückfuhr, und tatsächlich, so etwa im fünften oder sechsten Buch, einem Thriller namens *Die gestohlene Schöpfung*, reist der Held nicht mehr in ein Alpenland wie zum Beispiel noch im *Engen Land*, meinem Lieblingsroman, sondern er ist ein Frankfurter aus Frankfurt geworden. Für mich war das ein Sieg. – Der Kern der Bedeutung allen Reisens aber ist die Utopie. Der Entwurf von etwas ganz anderem. Die Hoffnung, die Sehnsucht nach einem anderen Leben. Nach besseren Bedingungen. Nach Glück. Die Sehnsucht der Veränderung des Jetzt und Hier, durchaus des eigenen Innern, wird in die Distanz verlegt. Afrika bedeutet dann mögliches Glück und allerdings stets auch, als Rückseite der Medaille, unerhörte Schrecken. Das war ja einmal ganz real so. Nicht die Forscher selber, nicht Livingstone, nicht Stanley und vielleicht nicht einmal der unglückselige Mungo Park, hatten die wildesten Phantasien, die weißen Flecken der Landkarte betreffend, nein, die, die zu Hause blieben, glühten am heftigsten. Die Quellen des Nils! Mit einer Intensität, die etwas Wahnsinniges an sich hatte, suchte man nach ihnen, weil kein gesunder Menschenverstand einem sagte, daß die Quellen des Nils gewiß auch nur Wasser waren, das unter irgendwelchen Kieselsteinen hervorgluckerte. Utopische Hoffnung, in die ganz reale Erde hineinprojiziert. Im 19. Jahrhundert, von den früheren Jahrhunderten gar nicht zu reden, gab es eben noch viele weiße Flecken auf vielen Landkarten. Was hat die

Entdeckung Afrikas die Menschen fasziniert: und wir können uns kaum mehr vorstellen, daß Stanleys aberwitzige Reise den Kongo hinunter – ein Abenteuer, das tatsächlich übermenschliche Kräfte erforderte – nicht viel mehr als hundert Jahre zurückliegt. Was ist die Zeit seither gerast. Heute löst sich sogar der Amazonas, das letzte Erdengebiet, in dem niemals jemand war, in Luft auf, um den Rauch des brennenden Regenwalds Luft zu nennen. Die Himalayaberge sind voller Scheißhaufen und Colabüchsen. Es gibt auf Erden keinen Raum mehr für die Utopie. Kein Jules Verne ist mehr möglich, kein Defoe, der seinen Robinson auf einer Insel aussetzt, kein Sir Rider Haggard, dessen geheimnisvolle »She« man in einem unbekannten Land sucht. Heute *wissen* wir. Zusammen mit den Utopien sind auch die Vorurteile gestorben, genauer gesagt, sie sind, da unsterblich, in weit gefährlichere Bereiche als früher abgedrängt worden. Früher konnten wir, ohne daß das besonders dramatisch war, sagen, daß alle Neger stinken. Daß die Eskimos sich auf die Schädel brunzen, um den Haarausfall zu stoppen. Daß die Chinesen sich ständig die Köpfe abhauen. Alles Vorurteile, Vorurteile aber, die bis zu Beginn der Großen Mobilität auch etwas durchaus Harmloses hatten, wie im Märchen. Der einzige Schwarze, den mein Vater in seinen Kindertagen jemals gesehen hatte, war der Nickneger in der Sonntagsschule, ein Pappmachémännchen, das nickte, wenn man zwanzig Rappen in einen Schlitz warf, und die zwanzig Rappen wurden dann für die Missionierung Schwarzafrikas verwendet. Ich erinnere mich gut an die Fotos unserer Basler Missionare, die in Tropenhelmen vor

Rundhütten saßen, inmitten nackter Negerchen. Daneben ihre protestantischen Gattinnen, deren Biß sogar den einheimischen Klapperschlangen gefährlich wurde. Heute, wenn wir über einen Schwarzen schimpfen – der Mensch braucht Ventile –, klingelt es, und draußen steht einer, und es stellt sich heraus, daß er der Geliebte der eigenen Tochter ist und sie ins Kino abholen will.
Nur so, durch das Zusammenrücken des ganzen Erdballs in einen geheimnislosen gemeinsamen Raum, konnte die Science-fiction-Literatur entstehen, denn in ihr, in den Weiten eines phantasierten Weltraums, können die Utopien nochmals neu angesiedelt werden. In den Kiosks oder den einschlägigen Buchhandlungen stehen die Science-fiction-Bücher meist in der direkten Nachbarschaft der Kriminalromane, als seien sie Brüder. Sie erfüllen aber genau entgegengesetzte Bedürfnisse. Der Kriminalroman ist die nicht-utopische Gattung an sich. Er dient der Beruhigung, die, wohlgemerkt, ein legitimes Bedürfnis ist. Nichts beruhigt mehr als ein Mord, ein gedichteter Mord in einer von A bis Z vertrauten Umgebung. Die Spielregeln des Kriminalromans sind – anders als die des offeneren Science-fiction-Romans – fest und statisch, und also ist es ein riesiges Vergnügen, wenn die Kugeln nur so pfeifen und die Toten aus den Türen kullern: wir wissen, daß wir überleben werden, und mit uns der Held, mit dem wir uns identifizieren.
Womit wir beim Komischen wären. Bei der Komik. Mein Assoziationsweg ist dieser: Utopie schwierig geworden, wenn nicht unmöglich. Autor zurückgeworfen auf seine Trauer, die, ohne Ausweg nun, wie unheilbar in ihm drin

wohnt. Trauer nur auszuhalten, wenn durch Lachen aufgehellt. – Ich erlebe mich selber nicht als einen komischen Autor. Ich lache gern, das stimmt, aber – sagen wir es so – in der Musik ist mir Schubert der liebste, das Genie der unendlichen Trauer. Ich bin am Herstellen von Komik nicht besonders interessiert – ich spreche von meiner Prosa; eine Theaterklamotte *will* natürlich komisch sein –, obwohl meine Bücher zuweilen komisch sind und ich die Techniken beherrsche. Mein Ziel ist nicht der Lacher, und das unterscheidet mich wohl von Satirikern wie Robert Gernhardt oder Eckhard Henscheid, deren Treiben ich im übrigen mit Vergnügen verfolge. Die Lacher passieren mir eher. Sie geschehen, weil der Druck des Subtextes offenkundig zu groß wird, der Druck des schwarzen Unterfutters, und meine Hauptarbeit als Autor ist seit langem, jenes schwarze Tosen in meinen Tiefen kraftvoller und ruhiger auszuhalten und also auch ruhiger und kraftvoller sprachlich zu fassen. Tragisches tragisch sein zu lassen. Das ist schwieriger, als es klingt, denn wenn man sich den schmerzenden Bereichen nähert, wirft man nur allzu gern alle Türen zu und rennt in der Gegenrichtung davon. Als ich – nur um Ihnen ein Beispiel zu geben – in einem kurz zurückliegenden Roman mich dem Selbstmord meiner Heldin näherte – in der Regel ist so etwas kein Problem, denn Mord ist Schriftstelleralltag –, hörte ich unmittelbar vor dem Satz, in dem es dann geschehen mußte, wie zufällig mit dem Schreiben auf und ging zum Briefkasten oder so etwas und rührte dann das Manuskript für sechs Monate nicht mehr an. Tat anderes. Dann, ebenso unklar warum gerade nun, setzte ich mich wieder daran und schrieb weiter, wie sie in den Rhein springt und tot ist, und das alles ohne besondere Gefühlsbeteiligung.

In der Regel ist Komik etwas Verabredetes. Man erkennt Komik an ihren Signalen. Man weiß, auf diese oder jene Verabredung hin wird mit Lachen reagiert. Wenn jemand in ein Jaucheloch fällt, lachen wir. Wenn aber von Gott oder dem Teufel die Rede ist, machen wir ein ernstes Gesicht, obwohl die Gefühlsbeteiligung durchaus umgekehrt sein mag. An solcher verabredeter Komik bin ich nicht interessiert, oder nur, wenn ich sie, wie ich das in zwei, drei Theaterstücken getan habe, in den hellen Wahnsinn hineintreiben kann. Bis zum Gehtnichtmehr. Mir kommt in diesem Zusammenhang Kafka in den Sinn, der, wie wir wissen, zuweilen furchtbar lachen mußte, wenn er seinen Freunden seine Texte vorlas. Das *Urteil* etwa, eine Schreckensvision, die uns frieren macht. Ich weiß, warum Kafka lachte. Kafka lachte über die gelungene formale Lösung eines Problems, das ihn im gelebten Leben schrecklich bedrängt hatte und weiter bedrängte und das weiterhin ungelöst blieb. Der ästhetische Sieg löst eine ungeheure Erleichterung aus, er ist ein Triumph über das böse Leben, auch wenn dieses dann böse weitergeht. Warum, ein anderes Beispiel, schauen wir uns ein Stück wie *Warten auf Godot* an, das uns sagt, daß alles verkachelt und verloren sei, und gehen dennoch hüpfend nach Hause, bester Laune ob der eben gesehenen Endzeitvisionen? Weil Beckett das im wirklichen Leben Unbesiegbare ästhetisch besiegt hat, und das mag nicht besonders viel sein – daher das ewige Gefühl des Scheiterns aller

Schriftsteller –, aber es ist weiß Gott mehr als nichts. Übrigens ist auch *Warten auf Godot* ein komisches Stück, nicht zufällig bei der Schwärze seines Vorwurfs, eine Slapstickkomödie zuweilen geradezu, allerdings eine, die, wenn sie mit den Füßen im banalen Alltag steht, mit dem Kopf in die Wolken des Himmels reicht.

Ich bin weder Beckett noch Kafka, aber ich glaube ihre Art des Umgangs mit dem Tragischen ein bißchen zu verstehen. Komik hat mit Bewältigung zu tun, mit dem Sieg über Schreckliches, so daß sich Lachen einstellt, wenn der Leser oder Zuschauer an diesem Sieg beteiligt ist. Und nicht, weil dem Gegner eine Torte ins Gesicht geflogen ist. Womit ich *nicht* sagen will, daß fliegende Sahnetorten verbotene Mittel seien. Das ist ja das Fatale an unsrer sehr germanischen Unterscheidung zwischen U und E, zwischen »Unterhaltung« und »Ernst«. Nur zufällig, weil er sie nicht brauchte, hat Shakespeare seinem Hamlet keine Torte ins Gesicht geworfen, nicht etwa weil er meinte, bei einem hohen Thema sei das nicht möglich. – Wie auch immer: Ich möchte auf ein autonomes Lachen hinaus, möchte, daß meine Leser dann lachen, wenn sie ihr Lachen spüren, und nicht, wenn ich es ihnen durch meine schlauen Techniken befohlen habe.

Das bedeutet, daß in jeder Geschichte auch eine Geschichte verborgen ist, die *nicht* erzählt wird. Eine zweite, mit der ersten eng verbundene. Es ist jene unsichtbare, die die manifeste zu zuweilen überraschenden Verrenkungen treibt, zum Beispiel in die plötzliche Komik hinein. Jede Geschichte ist auch ein Rätsel. Eine gute Geschichte hat einen wortlos, aber heftig mitströmenden

Subtext, den ein Leser durchaus verstehen kann, lernt er nur, sozusagen mit dem dritten Auge zu lesen. Hinter oder unter dem manifesten Text, der durchaus auch für sich allein gelten kann, gibt es den zweiten, den »eigentlichen«, der die tiefere Botschaft enthält und den sich der Leser selber erarbeiten muß. Ein Leser muß, glaube ich, eine Art freischwebende Aufmerksamkeit in sich entwickeln lernen, bereit, den affektiven Hinweisen des Textes leicht zu folgen, und aus den Reibungen, die sich zwischen dem manifesten Text und dem Lesegefühl ergeben, entsteht der Text des Lesers, der eigentliche Text des Autors, der aber so nicht manifest geschrieben werden konnte, denn er braucht die Dechiffrierarbeit des Lesers. So entstehen natürlich ebenso viele Texte, wie der Text Leser hat, aber dennoch sind gewisse Lesarten »richtiger« als andere. Im übrigen ist es nicht so ungewöhnlich, so zu lesen. Auch im wirklichen Leben fragen wir unseren Freund, unsere Freundin: »Wie geht es dir?« Und dann sagt sie, sagt er uns: »Danke, gut, wunderbar«, und wir sehen, wie die Augenlider zucken und die Augen voller Tränen sind, und aus diesen Hinweisen zusammen, aus der Spannung der Indizien, schreiben wir auch im Alltag unseren eigentlichen Text über das Wohlbefinden des Freunds, der Freundin. Man nennt das Empathie, zu deutsch Einfühlung, und empathielose Leser sind so hoffnungslos verloren wie empathielose Freunde. Es gibt in der Literatur keinen Text, der nur aus seiner Oberfläche bestünde. Aber es gibt natürlich Unterschiede in der Gewichtigkeit. In der Aufladung der Sätze sozusagen. Kafkas Sätze zum Beispiel sind so dicht, so aufgeladen, so deutliche Rätsel, daß ihre Lösungen jeweils durch den manifesten Text geradezu an die Oberfläche drängen zu wollen scheinen. Wo der Text kein Geheimnis mehr hat und nur noch aus seiner eigenen Oberfläche besteht, haben wir den Bereich der Literatur verlassen. Und weil Literatur immer das Unausgesprochene mit meint, müssen wir sie langsam lesen. Das scheint heute manchem schwerzufallen. Wäre ich Universitätslehrer, ich würde ein Proseminar ansetzen, dessen Lehrziel »Langsam lesen« hieße.

Was uns Schreiber von unseren Lesern trennt, sind jedoch nicht die wie auch immer »falsch« verstandenen Geschichten. Sie verbinden uns im Gegenteil, und sei es über Mißverständnisse. Irritierend trennen tun uns zuweilen die gänzlich anderen Vorstellungen, die sich manche Leser vom Schreiben selber machen. In der Regel besteht der Grundirrtum derer, die nicht selber schreiben, darin, daß sie annehmen, ein Schriftsteller erreiche sein Ziel geradlinig, klar und strategisch. Anders gesagt, daß er wisse, was er schreiben will, und daß er es dann tue. Daß er zum Beispiel ein Thema habe. Wir haben letzte Stunde schon andeutungsweise davon gesprochen, daß das Gegenteil wahr ist. Das Wort »Thema« macht jeden Schriftsteller schamrot. »Was ist denn nun Ihr Thema, Herr Widmer?« Jeder Schriftsteller im emphatischen Sinn des Worts bricht immer erneut nach Indien auf, und wenn er Glück hat, entdeckt er Amerika. Oft entdeckt er auch nur den eigenen Gemüsegarten, und zuweilen ertrinkt er unterwegs in den unendlichen Fluten. – Geschriebenes entsteht schnell, nüchtern und wach. Goethe schrieb sogar im Kopf und diktierte dann das im Hirn Gespeicherte kapitelweise einem Sekretär. Kafkas Feder flog nur so übers Papier, man kann das an seinen Manuskripten sehen, seitenlang, und plötzlich dann verknäuelt sich die Schrift. Aus. Darüber beklagte er sich dann, über das Aufhören des Schreibens, nicht über das Schreiben. Denn nicht das Schreiben ist eine Qual – es ist, solange es funktioniert, ein süchtig machendes Entzücken –, das Nichtschreiben ist eine. Alle die vielen Dichterseufzer, das Schreiben betreffend, meinen die Unfähigkeit, es zu tun. Goethe, der Produktive, schrieb jahrelang nichts. Kafka hatte tote Monate. Robert Walser schrieb achtundzwanzig Jahre kein Wort mehr. – Schnell, sagte ich: die Wörter nämlich stellen sich notwendig in einem Tempo ein, das die innere Zensur unterläuft. So schnell kann sie gar nicht nein sagen. Denn jedes Schreiben hebt die festgefügten Hierarchien der allgemeinen Gewißheiten – das, worüber *man* sich einig ist – immer erneut auf, und das geht nur, wenn der Schreiber selber in einem Zustand größter Durchlässigkeit ist, in dem er, fürs erste, *alles* zuläßt. Das Höchste und das Gemeinste, die er während des Schreibens nicht so bezeichnen könnte, weil all diese Wertungen probeweise aufgehoben sind. – Nüchtern dann: Nicht nur Michaux oder Baudelaire oder Poe experimentierten mit Drogen. Fast alle, um nicht zu sagen alle, Künstler saufen. Und dennoch ist die Regel, daß die Künstler entweder berauscht sind oder schreiben. Nie beides zugleich. Schreiben erfordert eine große Präzision innerhalb der wild tosenden Phantasie. – Und endlich: wach. André Breton, der Papst der Surrealisten, hängte, wenn er schlafen ging, ein Schild an seine Schlafzimmertür, auf dem »Le poète travaille« stand. Er wollte damit, in einem durchaus ernsthaften Scherz, andeuten, daß ihm das Träumen poetische Arbeit war. Offenbar konnte *er* schlafen und ahnte nicht einmal, daß andere Dichter nicht der Schlaf beschäftigt, sondern die Schlaflosigkeit. Sie ist eine Berufskrankheit, obwohl es natürlich auch schlaflose Lokomotivführer gibt. Aber Päpste können immer schlafen, und André Breton sah zudem auch wach von der Welt nur das, was er sehen wollte. Den Rest, geschätzte achtzig Prozent, halluzinierte er weg. Päpste schauen lieber über weite Mengen hinweg. Verachten das Kleine. Hätte Breton seine Nadja – ich weiß nicht, ob Sie sein Hauptwerk kennen, es beschreibt die Geschichte seiner Begegnung mit einer jungen Frau, Nadja eben, die ihm als der Inbegriff surrealistischer Freiheit vorkam, alle Grenzen überschreitend –, hätte Breton seine Nadja einmal so gesehen, wie sie war, schrecklich arm dran, hätte er aufwachen müssen. Wach sein tut zuweilen weh.

Obwohl jeder schläft und obwohl jeder und jede zweite das Gespenst der Schlaflosigkeit kennt, hören wir von beiden, Schlaf und Schlaflosigkeit, wenig. In gewisser Weise ist das ja auch verständlich! Schlaf ist Bewußtlosigkeit, und was will man von der schon sagen. Und die Schlaflosigkeit scheint ein peinlicherer Makel als, sagen wir, ein gebrochener Arm zu sein. Auch die Dichter verschweigen ihn lieber. Viel Scham bei denen, die sonst keinem Leiden ausweichen, und dem eigenen schon gar nicht. Dabei ist jeder Schlaflose (schlaf*los* ist in Wahrheit niemand) in bester Gesellschaft. Goethe, der alles konnte, also auch schlafen, lag dennoch periodisch immer wieder nächtelang wach. Schiller schlief monatelang nicht. Kafka nannte sich »ein lebendig gewordenes Gedächtnis« und folgerte: »Daher die Schlaflosigkeit.« Proust! Robert Walser! Vladimir Nabokov war hochfahrend und stolz, aber nachts half ihm das auch nicht weiter. Beckett. Wolfgang Hildesheimer schrieb *Tynset* und das *Nachtstück*, zwei kennerische Studien chronischer Insomnia, und Ernst Jandl, ein zeitgenössischer Experte ersten Ranges, ein ebenso aufschlußreiches wie tragikomisches Gedicht mit dem Titel *Von Schlafkunst*, in dem man auch Einblicke in die sich überlagernden Wirkungen verschiedenster Schlafmittel erhält. Von mir will ich nicht reden. Die Schlaflosigkeit ist banal. Sie ist die Kehrseite des Schlafs, der etwas Selbstverständliches ist, und also fehlt auch ihr das Pathos anderer Leiden. Kein heroisches Gefühl stellt sich ein, das uns für eine durchkämpfte Nacht entschädigen würde. Dabei ist ein Tag, der auf so eine Nacht folgt, für jedermann schlimm: für einen, der schreibt, auch und vor allem, weil das Dichten einen hellwachen Kopf erfordert. Es gibt anderslautende Gerüchte, und die Ausnahmen bestätigen die Regel. Mindestens in der Kunst gibt es zu jeder Regel eine Ausnahme. Goethe schreckte im Jagdhäuschen auf dem Gickelhahn aus tiefem Schlafe auf, notierte im Licht des Mondes »Warte nur, balde...« und schlief gleich weiter. Er war eben Goethe. Sonst wollen und müssen wir so wach sein, daß uns schon die Erkenntnis, es nicht zu sein, existentiell bedroht. Wie sollen wir, gähnend, herrliche Werke schaffen? Kein Wunder, daß wir *nie* von der Schlaflosigkeit reden. Nur Cioran spricht ununterbrochen von ihr, mit Lust geradezu, so daß ich ihn zuweilen im Verdacht habe, er habe sein Leiden längst in seine

Bücher verbannt und schlafe seit Jahren wie ein Murmeltier.

Die Surrealisten – um auf André Breton, bei dem diese Überlegungen angefangen haben, zurückzukommen – stellten sich mit ihrer Liebe für den Schlaf und den Traum eine Falle, in die sie selber als erste hineintappten. Das Dichten im Schlaf – im Wachen nur das Protokollieren der Traumleistung – war eine ebenso große Illusion wie die *écriture automatique*, jenes zensurlose Sich-Treiben-Lassen – dem freien Assoziieren der Psychoanalyse sehr ähnlich –, das zu den verschütteten Quellen des Ichs führen sollte. Das tat es ja auch so halbwegs, aber es ging dann dennoch nicht ohne eine wache Verarbeitung des Gefundenen. Diese – wie man den privaten Schutt in eine Form bringt, die so allgemein ist, daß sie mit anderen zu sprechen vermag – ist ja erst die künstlerische Leistung. Aber genau dieser wache Anteil war den strengsten unter den Surrealisten ein Tabu, und so gerieten sie in heftige Widersprüche mit sich und den andern, wenn sie so taten, als habe die reine, unbewußte Natur ihnen die herrlichen Wörter diktiert, die sie doch, wie denn anders?, bewußt und nach allen Kräften ihres Talents redigiert hatten. In Wirklichkeit schlief Eluard natürlich nicht, als er *Après moi le sommeil* schrieb, und auch Raymond Queneaus *Loin de Rueil (Die Haut der Träume)* entstand im Wachzustand.

»Erzähl ihn nicht!« schreit Vladimir – in Becketts *Warten auf Godot* –, als Estragon ihm seinen neuesten Albtraum erzählen will. Natürlich erzählt ihn Estragon trotzdem. Wir alle hätten das getan, tun es immer wieder, obwohl auch wir wissen, daß niemand gern die Träume eines anderen hört. Nicht, weil sie uns zu intim wären. Nein, die Träume der andern sind langweilig, sie sind notwendig langweilig, weil die wirren Gespinste unserer Nächte – ohne Zeit, ohne Ort, ohne Logik – viel zu fließend für unsere Wörter sind und von einem so vielfältigen Wurzelgeflecht genährt werden, daß niemand, auch wir selber nicht, sie versteht. Nur unser Gefühl tut es, ohne Worte. Wir sind erregt, und wie!, wenn in unserem Traum die Geliebte in den Schuhen der Mama und mit der Nase des Papa auftritt. Für alle andern ist so was zum Gähnen. Sie haben auch eine Geliebte, und eine Mama, und eine Nase, genau wie wir, nur ganz anders. So ist auch die Literatur arm an glaubhaft echten Träumen. Die meisten, die besten, sind erfundene – auch der, den Vladimir sich anhören muß. Die Romantiker, die das Träumen neu entdeckten, taten dies dennoch wach. Sie schrieben Literatur-Träume. Der private Traum kann seine Erregung nicht vermitteln, weil er nichts enthält, was für alle verbindlich wäre. Wer ist nicht schon nachts aufgeschreckt, aufgewühlt, weil er die Lösung aller Probleme geträumt hatte. Die Weltformel, in völliger Evidenz. Fiebrig tasteten wir nach einem Papier und notierten die kostbare Erkenntnis. Und am nächsten Morgen lasen wir dann »Papa liebt Mama«, bestenfalls. Oft auch nur »Heizöl bestellen«. Gut, Goethe in seinem Jagdhaus, und Niels Bohr soll – nachdem seine wachen Lösungen monatelang nicht aufgegangen waren – sein Atommodell schließlich geträumt haben. Es kommt gewiß auch darauf an, wer da schläft und träumt. So viel zum Schlaf, so viel zum Traum, so viel vorerst dazu, daß Dichtung, alles in allem, notwendig wach entsteht.

Ich will diese zweite Vorlesungsstunde mit etwas abschließen, was Ihnen idyllisch, versöhnlerisch gar vorkommen mag. Ich spreche jetzt nämlich von der Liebe. Meine verlegene Wortwahl macht mir und Ihnen deutlich, daß es einfacher ist, von harten Dingen zu sprechen als von weichen, von kalten als von warmen, von groben als von zarten. Wie schnell landet man im Gärtlein des Kitschs, in dem alle Blumen rosenrot sind und keine Disteln wachsen dürfen. Ist es nicht dennoch seltsam, daß Gewalt, Härte, Aggression oft mehr gelten als Zartheit, Zuneigung, Menschlichkeit? Immer werden die Liebesszenen verboten, obwohl hin und her fuhrwerkende Schwänze nichts Gefährliches sind, aber Massenmorde werden auch den kleinsten Kindern sorglos zugemutet. Einen Schriftsteller warmherzig zu nennen, zugewandt, liebevoll gar: das versteht mancher als Abwertung, und mancher, der es sagt, meint es als Vorwurf. So gelten oft »kalte« Bücher mehr als »warme«, und jene »kalten« Bücher sind tatsächlich zuweilen »gute« Bücher: ein Ausdruck einer kalten Zeit wohl eben. Mein Interesse gilt dennoch zuerst denen, die ich nun also mit einiger definitorischer Unschärfe »warme« Bücher nenne. Solche versuche ich auch zu schreiben. Kein Autor ist ja gezwungen, den Status quo abzubilden und nur ihn. Literatur kann auch, und ich glaube, gute Literatur tut es immer, ein Mehr an Leben in die Welt hineinbringen. Ein Künstler ist tatsächlich ein Schöpfer, so wie Gott der erste Künstler war, auch er formt seine

Tonmännchen und Lehmfrauchen und haucht ihnen Leben ein.
So versuche ich – ein gar nicht so einfacher Versuch –, die zu beschreibende Welt im allgemeinen und meine Helden im besonderen mit einem Blick der Liebe zu sehen. Bei den liebenswerten ist das ja auch nicht schwierig. Gewinn und Risiko der Methode werden bei den Ekeln, Mördern und Schweinehunden erst ersichtlich. Hitler liebevoll sehen, und ähnliche, das mach mal. Genau an diesem Punkt verläßt dieser methodische Ansatz auch wieder den Bereich der Harmlosigkeit und der Idylle. Wie schafft man es, dieser Welt liebend zu begegnen, ohne die Augen vor ihren Greueln zu verschließen? Die Mörder als Mörder zu sehen und zu beschreiben? Aus dieser Spannung entstehen jene zerrissenen Texte, die wir Literatur nennen. Alle großen Schriftsteller, behaupte ich, waren und sind große Liebende. Sie begegnen ihrer Welt mit einem gewaltigen Maß an Liebesbereitschaft – einem Übermaß, mögen die sagen, die mit weniger auskommen –, und natürlich werden sie mehr als oft von dieser Welt enttäuscht. Auch Haß ist ein heißes Gefühl. Viele Dichter des Hasses sind tief enttäuschte Liebende. Nur wer die Spannung nicht spürt, beide Pole, wird in der Idylle landen. In der rosenroten Idylle falsch verstandener Liebe – alle anderen Gefühle ausgeblendet – oder in der schwarzen Idylle der Gewalt.

3

Der Schnee war geschmolzen, Nebel kroch durch die Straßen, und die Luft bestand hauptsächlich aus Kohlenmonoxid. Ich hatte im ›Erzherzog Johann‹ Kaffee getrunken und im ›Krebsenkeller‹ einen Zwiebelrostbraten gegessen, an dem Ort, an dem die Stadt mich einst mit jener Ohrfeige willkommen geheißen hatte. Aber die Wirtin erinnerte sich nicht an mich und ich mich nicht an sie, und sie hatte so kleine Hände und war so jung, daß sie vielleicht die Tochter jenes Ungeheuers mit den Riesenpranken war. Ich hatte in vielen Büros viele Formulare unterschrieben, die aus mir so etwas wie einen einheimischen Beamten machen sollten, sozialversichert und rentenberechtigt, und mit einem ganzen Pulk Bankangestellter einen Weg ausgetüftelt, auf dem sich meine paar Universitätsschillinge mehr oder weniger korrekt in Schweizer Franken verwandeln konnten. Einmal war ich auf den Schloßberg hinaufgestiegen und hatte auf die Stadt hinuntergeschaut, auf die Fenster der kleinen Wohnung in dem gewaltigen Palais, in der ich in den siebziger Jahren einmal ein paar Wochen lang gewohnt und wo eine Hausmeisterin wie in einem Märchen aus anderen Zeiten darüber gewacht hatte, daß ich keine Damen mitbrachte, ihnen ein Leid anzutun. Um in meinen dritten oder sechsten Stock zu kommen – hoch hinauf jeden-

falls –, hatte ich durch die nachtschwarzen Säle eines historischen Museums tappen müssen, das gerade neu eingerichtet wurde und wo ich zuweilen über im Mondlicht glänzende Eiserne Jungfrauen oder Kettenpanzer stolperte und entsetzlich erschrak. Inzwischen war das Museum offen und beleuchtet, und das Palais, das damals voller Spinnweben gehangen hatte, war saniert. Glänzte und leuchtete. Das Autowrack im Hof war verschwunden. Ich fühlte mich beinah wie in meiner Heimat, wo ich in all der frisch renovierten Schönheit zuweilen denke, was tu ich da einmal, wenn ich dann kein Geld mehr habe. Keine Nischen mehr, wie früher. Keine Rumpelkammern wie einst, für null Franken fünfzig im Monat. Trotzdem, manches war noch gleich. Eine schöne Stadt. Als ich zu meiner dritten Stunde in die Uni kam – immer noch viele Leute; ich begann ihrer Treue zu trauen –, fühlte ich mich schon regelrecht wohl. Ich setzte meine Brille auf – sah meine Zuhörer nun nur noch undeutlich, wie Fische in einem Aquarium – und sagte:

Ich hatte immer den Ehrgeiz, der erste Schweizer Schriftsteller seit Hartmann von Aue zu werden, der nie von der Schweiz, seiner Heimat, schreibt oder spricht, anders als fast alle anderen Schweizer Schriftsteller, für die einer von uns, Franz Hohler wohl, den Begriff Schweizerschriftsteller gefunden hat, in einem Wort geschrieben. Ich habe mich immer, obwohl mit einem Paß der Confoederatio Helvetica ausgerüstet, als einen deutschen Schriftsteller empfunden, natürlich nicht im nationalen Sinn, sondern weil ich mich dem ganzen Kulturkreis zugehörig fühle.

Aber ich bin gescheitert. Auch ich habe mich zur Schweiz geäußert, wie alle andern, habe sogar ein ganzes Buch geschrieben, die *Schweizer Geschichten*, und heute will ich ein weiteres Mal der Versuchung oder Notwendigkeit erliegen und spreche zu Ihnen in dieser Stunde also über das Schreiben in meiner Heimat, früher und jetzt.
Ich weiß nicht, wie sehr Sie sich bewußt sind, daß die Geschichte Österreichs und die der Schweiz eng miteinander verknüpft sind. Die Habsburg, Stammsitz derer, die sich dann in Wien wohler fühlten, steht in der Schweiz, in der Nähe von Brugg. Sie sind alle, genaugenommen, Schweizer. Unsre ersten kriegerischen Taten, als unser Heer noch in der Bundesliga kämpfte, waren just gegen die Habsburger gerichtet. Wir stießen 1315 ein ganzes österreichisches Ritterheer in den See von Morgarten und schauten den Luftblasen zu, die an die Wasseroberfläche gurgelten, viele, weniger, keine mehr. Durch die Siege der beweglichen Haudegen aus der Eidgenossenschaft bei Morgarten und Sempach und Näfels – die Habsburger waren hartnäckig und wollten eine Revanche nach der andern – wurden die Militärs der damaligen Zeit gezwungen, ihre Militärtechnologie völlig neu zu überdenken. Sie markierten das Ende der Ritterschlachten – in Rüstungen kann man sich nicht bewegen, und schwimmen, wir sahen es, kann man schon gar nicht –, und nur weil Militärs immer schon unbeweglich im Finden neuer Konzepte waren, gab es dann noch einige Ritterschlachten mehr. Im übrigen verschliefen auch wir Schweizer – nach einigen spektakulären Erfolgen auch gegen andere europäische Spitzenmannschaften wie das Burgund Karls des

Kühnen – einen Technologiesprung, als nämlich Franz der Erste, König von Frankreich, 1515 in der Schlacht von Marignano – es ging um die Vorherrschaft in Oberitalien – plötzlich über Kanonen verfügte, die nicht nur, wie bis anhin, bumm machten, sondern auch trafen. Die Schweizer wurden zerfetzt und zogen sich auf ihr Territorium zurück, wundenleckend und Schuldige suchend (einen im Boten fanden, der die schlechte Nachricht in die Heimat gebracht hatte), und schließlich machten sie aus ihrer plötzlichen Not eine Tugend und erklärten das Stillesitzen zu ihrer neuen Staatsmaxime, und das ist bekanntlich bis heute so, wir sitzen so stille, wie's nur geht, und nennen das, was wir tun, inzwischen Neutralität.

Dennoch hat die Schweiz eine eher kurze und alles in allem überschaubare Geschichte. Die Geschichte ihrer Kultur, ihrer Literatur im besonderen, ist es noch viel mehr. Wir haben keinen Shakespeare hervorgebracht – Shakespeare wird bei uns Dürrenmatt genannt –, auch keinen Leonardo und keinen Schubert, ja, wir mußten uns sogar unseren nationalen Mythos, den Wilhelm Tell, von einem Schwaben formulieren lassen, von Schiller, und so ist es vielleicht nicht nur ein Zufall, sondern der Neid derer, die versagt haben, daß das Wort Schwabe – es bedeutet bei uns, pars pro toto, Deutscher – inzwischen ein Schimpfwort geworden ist. »Les Suisses ne sont pas une nation poétique«, die Schweizer seien keine poetische Nation, schrieb Madame de Staël, als sie Anfang des letzten Jahrhunderts ihre großen Augen auf alles Deutsche warf, und sie hatte natürlich recht, denn zu ihrer Zeit und auch lange später noch war die heute so reiche Schweiz ein regelrechtes Armenhaus, kulturell und materiell, zusammen mit Irland und Schlesien *das* Armenhaus Europas. Mit dem einfachsten Überleben beschäftigt. Noch das Jahr 1816 brachte den Schweizern eine regelrechte Hungersnot, es ging als das »Jahr ohne Sommer« in die Geschichte ganz Europas ein – eine Klimakatastrophe *avant la lettre*, deren Ursache ein gigantischer Vulkanausbruch gewesen sein soll – und war, nebenbei, schuld am Entstehen von Mary Shelleys *Frankenstein*-Roman, denn die arme Mary konnte, eben des entsetzlichen Wetters wegen, nicht, wie geplant, Arm in Arm mit ihrem neuen Geliebten Percy Bysshe den Genfersee entlangspazieren und schrieb also, da *sie* offenbar keinen Hunger litt und nicht auch noch den ganzen Tag über im Bett liegen wollte, jenen Mythos vom künstlichen Menschen voller unerlöster Gefühle, der dadurch auch mit meiner Heimat verbunden ist. Genügend Kartoffeln zu haben war noch bis zu jenen Zeiten, die das Gedächtnis unserer Großeltern erreicht, und damit unser eigenes, das bedrängendste Problem. Nicht, schöne Wörter zu finden. Gottfried Kellers einzige Erinnerung an seinen Vater, im *Grünen Heinrich* mitgeteilt – Kellers Papa starb, als sein Sohn fünf Jahre alt war –, ist die an einen beredten Mann, der ihm eindringlich eine Kartoffelpflanze erklärt. Sogar ich kann mich noch an Reste jener armen Schweiz erinnern, die es nun nirgendwo mehr gibt. Mittelalter, in entlegene Alpentäler abgedrängt. Noch in den vierziger Jahren Lebensweisen wie um 1200. Kalte Kultur, um mit Lévy-Strauss zu reden, nicht heiße: seit Jahrtausenden derselbe Schöpflöffel für die Milchsuppe. – Auch heute, wo wir nicht mehr hungern, sondern manche sich zu dick gefressen haben, sind wir eher ein Bauernvolk als eins der Dichter, auch wenn manche Bauern sich in Bankiers verwandelt haben und nun Geld statt Heu stapeln. Inzwischen können fast alle Schweizer schreiben, das ist wahr, die meisten allerdings eher Bilanzen und Verträge, ein paar immerhin nun auch Romane und sogar Gedichte. Ja, *as time goes by*, plötzlich schreiben sehr viele Schweizer Bücher, jeder zweite eigentlich, so daß, statistisch gesehen, jeder Autor bei uns *einen* Leser hat.

Wenn ich von jenem mittelalterlichen Hartmann von Aue absehe (dem Dichter nicht des grünen, sondern des armen Heinrich), von Johannes Hadlaub, der ums Jahr 1300 herum in Zürich Minnelieder dichtete, von ein paar Schwankdichtern und Fastnachtsspielschreibern und Chronisten wie dem biederen Diebold Schilling, so herrscht bis tief ins 18. Jahrhundert hinein nicht besonders viel Schriftlichkeit in unseren engen Tälern. Heinrich Pestalozzi, den damals bekanntlich niemand so recht haben wollte, hätte tausend Kollegen gebraucht, um dem gemeinhelvetischen Analphabetismus entgegenzuwirken. Die Städte waren klein, so daß auch die städtisch-bürgerlichen Intellektuellen recht wenige blieben. Das ist bis heute so, wir haben einzelne Intellektuelle, ein paar wunderbar gescheite Menschen, aber keine intellektuelle Kultur. Und es gab kein Machtzentrum, keinen König, keinen Kaiser, wo eine wie auch immer isolierte hohe Kunst hätte entstehen können.

Es sind also nur wenige Namen, die sich eingeprägt haben, weil sie *schrieben*. Albrecht von Haller vielleicht, mit seinem pathetischen Alpen-Gedicht aus jenen Zeiten, da niemand, auch der Wahnsinnigste nicht, auf die Idee gekommen wäre, so einen Teufelsgipfel zu besteigen. – Petrarca, der Herrliche und Arrogante, hat bekanntlich einen südfranzösischen Gipfel für seine Bergwanderung aus dem Jahr 1336 gewählt, keinen Schweizer Berg, für den ersten Gipfelsturm der Menschengeschichte, auf den Mont Ventoux, der 1909 Meter hoch war und ist und auf den heute eine Autostraße hinaufführt, und er ging sein Abenteuer dennoch so an, wie man heute einen Achttausender angreift, mit einem Sherpa und einem Basislager, von dem aus er den letzten Gipfelsturm unternahm, nur mit dem nötigsten Gepäck versehen, in dem sich ein Band mit den Schriften Augustins befand, die er im Gipfelwind entzückt las, wenn er nicht herumtanzte und »Ich, ich, ich« rief, denn seine Besteigung war auch eine Etappe in jenem Prozeß, da die Menschen ihr Ich entdeckten, ihre eigene Subjektivität, von der wir heute langsam zu viel haben. Er war ein Renaissance-Mensch *in nuce* und hatte noch keine Ahnung, wie herrscherlich dann ein Medici »Ich« sagen konnte, oder noch später jedes Kind aus gutem Hause. *Unsere* Alpengipfel wurden erst im 19. Jahrhundert bestiegen, von Ausländern, Engländern alles in allem, den damaligen Weltmeistern im Ich-Sagen und Ich-Fühlen, das Matterhorn von Whymper und das Bietschhorn vom Vater von Virginia Woolf. – Zurück in die Heimat, zu *unseren* Dichtern, die weder bergstiegen noch eine Laura hatten. Kennen Sie den zauberhaften Ulrich Bräker? Salomon Geßner? Seine Idyllen verdrängten immerhin den *Werther* von den damaligen Bestsellerlisten. Dann, ja, wir sind bereits im 19. Jahrhundert, taucht das Trio Gottfried Keller – Conrad Ferdinand

Meyer – Jeremias Gotthelf auf, drei durchaus ungleiche Brüder, und schon haben wir unser Jahrhundert erreicht. Erwähnen wir also den heute von den meisten – vielleicht zu Unrecht – ungeliebten Spitteler, der die Erfahrung machen durfte, daß nicht einmal der Nobelpreis einen vor dem Vergessenwerden rettet. Den wunderbaren Robert Walser, der es zeitlebens nur zu einem »Preis des Frauenbundes zur Ehrung rheinländischer Dichter« brachte, obwohl er rein gar nichts Rheinländisches an sich hatte. Gedenken wir im Vorbeifliegen vielleicht noch Albin Zollingers und Friedrich Glausers, des erst vor kurzem gestorbenen Ludwig Hohl, und schon sind wir mitten im JETZT, bei den plötzlich und der Tradition des Landes widersprechenden Vielen, die heute schreiben. Die ›Pro Litteris‹, eine Vereinigung, die unsere Autorenrechte schützt und abrechnet, hat rund 1400 Mitglieder, die sich als »literarische Urheber« bezeichnen – in dem Begriff spürt man den Schweiß, den das Urheben von Literatur kostet –, darunter vierzehn Müller, vier Meier und drei Widmer, und seltsamerweise weder einen Frisch noch einen Dürrenmatt.

Wir haben davon gesprochen, wie schwer es ist, über Schriftsteller zu sprechen, die leben. So werde ich in der Folge möglichst wenige Namen nennen, und werten werde ich, soweit ich das schaffe, schon grad gar nicht. Sowieso steht dann gewiß die ganze Truppe – Bichsel, Muschg, Walter – mit Knüppeln und Prügeln am Flughafen von Zürich und zieht mir für jedes Wort eins über. So ist das mit den Lebenden, zu denen ich auch gehöre.

Wenn ich wirklich streng bin mit unserer Literatur, der von Anbeginn bis heute, dann hat die Schweiz sowieso nur zwei große Autoren hervorgebracht: Gottfried Keller und Robert Walser. Ihnen werde ich die nächste Stunde widmen. Sie sind seither unsere Fixsterne, und es gibt keinen deutsch schreibenden Autor in der Schweiz – das Problem der Mehrsprachigkeit lassen wir ein für allemal beiseite –, der sich nicht an ihnen mäße. Es ist wie in einer Familie. Man sucht sich seine Väter nicht aus, und zuweilen streitet man mit ihnen. Die Väter sind sie dennoch.

Die Kultur deutscher Sprache ist zweifellos *eine* Kultur – wir Schweizer sind also, so wie Ihr Österreicher, »deutsche Schriftsteller«, wir jedenfalls allein schon, weil wir paar Alemannen am südlichen Rand des deutschen Sprachraums – nur just Sie hier leben noch südlicher – gar keine andere Wahl haben, als an der Kultur des großen Nordens teilzunehmen. Auch wenn diese von *Bild* oder dem *Spiegel* geprägt wird. »Denn bei allem Patriotismus« – so äußerte sich zur selben Frage schon Gottfried Keller sehr entschieden – »verstehe ich hierin keinen Spaß und bin der Meinung, wenn etwas herauskommen soll, so habe sich jeder an das große Sprachgebiet zu halten, dem er angehört«.

Natürlich gibt es dennoch Unterschiede: es sind die Unterschiede der Geschichte, und so unterscheiden sich die Bücher, die von einem Sachsen, einem Bayern, einem Steirer und einem aus Zürich oder Bern geschrieben werden, notwendigerweise beträchtlich. Die verschiedene Geschichte hat uns verschieden werden lassen. Die jenes gottseidank dann doch nicht tausendjährigen Reichs war mörderisch genug, sich der ganzen Welt mitzuteilen. Unsere war stiller, unsichtbar fast, was dennoch nicht heißt, daß sie keine Geschichte war. Auch in der Schweiz konnte und kann man seine Höllen durchleben: Hölle findet überall statt auf Erden. Dennoch, ganz gewiß, ertappt sich jeder Schriftsteller in meiner friedlichen Heimat hie und da bei dem heimlichen und peinlichen Gedanken, sein Lebensglück zu beklagen, denn, nicht wahr, Glück macht zwar glücklich, aber es macht oft auch ein bißchen dumm, lebensdumm – man kann das an uns Schweizern gut beobachten –, und manche von uns beschleicht also zuweilen ein stiller Neid auf die, die Geschichte im pathetischen Sinn erlebten und erleben: auf die Inder, wo aus jeder Flasche ein Geist steigt und von den unglaublichsten Wundern und Leiden erzählt, auf, warum nicht, die fernen Japaner, wo todesmutige Samurai die Köpfe zu Hunderten abschlagen, auf die Südamerikaner oder, ja, auf die Deutschen sogar, die durch jene Höllen gingen, von denen einst viele dachten, sie seien Paradiese. Es ist nicht immer einfach, eine stille Geschichte als Geschichte zu erkennen und zu erleben. Und so spiegelt jenes oft zitierte Gefühl der Enge in der Schweiz – Paul Nizon hat den Begriff 1970 in die Diskussion eingeführt, aber schon Keller hat bekanntlich von unserm »Holzboden« gesprochen – auch den Verdacht eines Geschichtsdefizits wider. (In Klammern gesagt, jenen perversen Neid auf ein »deutsches Schicksal« betreffend: vielleicht erwiesen sich die Schweizer dem Faschismus Hitlers gegenüber auch deshalb als einigermaßen resistent, weil ihre eigene Geschichte sie längst gelehrt hatte, daß just die Demokratie – und nicht der autoritäre Machtstaat – eine dem hemmungslosen Geldverdienen ideale Staatsform war. Eine

unhierarchische Demokratie, so wie sie sie seit 1848 hatten, lange als die einzigen in Europa, so daß sie auch lange vor den anderen lernten, das Wort »frei«, seit 1291 sowieso der Schweizer heiligstes, zuallererst auf den Markt zu beziehen. Früher als anderswo verwandelten sich die Freiheiten des Bürgers in die des Unternehmers. Abgesehen davon, daß dann dennoch manche Industrielle mit den Nazis sympathisierten: was brauchten sie eigentlich einen Führer? Es ging ihnen doch so schon gut.)
Bauern also, ein Bauernland, diese Schweiz. Wir sind bis heute von dieser Tradition geprägt. Bauern können durchaus Schriftsteller werden. Da liegt das Problem nicht. Man kann beim Schreiben so schwitzen, daß es einer Arbeit gleicht. Aber wie soll ein Bauer ein *Leser* werden? Gedachtes mitdenken, Geträumtes nachträumen? Wir haben gelernt, daß man die Heubündel schleppt, bis einem alle Knochen weh tun. Lesen, dieses bewegungslose Glotzen, ist für einen Bauern keine Arbeit. So fühlen sich Leser in meinem Land schnell schuldig. Wir haben möglicherweise inzwischen eine durchaus entwickelte Schreibkultur: aber ein öffentliches Rezeptionsvermögen, das mit ihr nicht Schritt hält. Seitdem sich die Bildung vom sozialen Aufstieg abgekoppelt hat – seitdem es also für eine Karriere nicht mehr notwendig ist, so zu tun, als habe man den *Faust* gelesen, seitdem dies im Gegenteil eher schädlich ist –, rühren die, die vor einer Generation noch die Bildungsbürger gewesen sind, sowieso kein Buch mehr an. Wie alle Bauern sind wir Schweiger, auch wenn Sie mir, der ich gern rede, das vielleicht nicht so leicht abnehmen. Wir mißtrauen den Wörtern, den gesprochenen schon und

noch viel mehr den geschriebenen. *Wenn* wir dann doch lesen, verstehen wir alles im Maßstab 1:1. Ein Baum ist ein Baum. Anders als in der Bundesrepublik, wo die Wörter seltsam inhaltsleer geworden sind, bedeutungslos fast und kaum mehr Schmerz bereitend, nehmen wir sie ernst. Es ist ja auch eine der anrührendsten Eigenschaften von Literatur, daß sie die Autoren festlegt. Die Wörter, wie inflationär auch immer sie aus Millionen Druckerzeugnissen rauschen mögen, haben für den einzelnen, der schreibt, ihre verpflichtende Wucht nicht verloren. Was auf dem Papier steht, kann nicht ungeschehen gemacht werden, und wehe dem Autor, der schreibend leichtfertig einen Wechsel ausstellt und ihn nicht einzulösen vermag, wenn der Leser ihn einfordert. Allerdings sind wir Schweizer, wenn wir lesen, auch kaum imstande, Ironie oder Spiel oder einen Doppelsinn zu erkennen. Die Dadaisten in Zürich waren keine Schweizer, und der Surrealismus hat bei uns nie Wirkung gezeigt. Eine einzige avantgardistische Bewegung ist von uns ausgegangen, die von Eugen Gomringer sozusagen im Alleingang erfundene Konkrete Poesie. Aber auch sie fand im anarchischeren Österreich erst ihre Freiheit.

So hält auch der Staat, die Summe des Bauerndenkens, vom Geschriebenen wenig, und kaum etwas von denen, die schreiben. Es ist für uns Autoren eine immer wieder gleichermaßen bestürzende und komische Erfahrung, im Ausland, oft sogar von den guten Wünschen eidgenössischer Ämter begleitet, über rote Teppiche zu schreiten und uns zu Hause dann sofort wieder in der alten Ordnung wiederzufinden, mit der wir ja auch, gar nichts anderes gewöhnt, zutiefst einverstanden sind. Zuerst wird die Kuh gemolken, dann der Stall gemistet.

(Als es die DDR noch gab – eine zweite Klammer –, dachte ich stets, daß die Schweizer Literatur mit jener der DDR auf eine unerwartete Weise verbunden sei, denn auch in der DDR, so mein Gefühl, werde aufs Wort geachtet, genau, verpflichtend, verbiestert zuweilen auch wie bei uns, eine seltsame Komplizität zwischen den sonst so verschiedenen Ländern. Aber jetzt sieht es so aus, als habe sich nicht nur das Land DDR in Luft aufgelöst, sondern mit ihm gleich noch seine Literatur. Alles wirkt auf einmal gänzlich anders. Einzelne bleiben übrig, Heiner Müller alles in allem, und vom vermeintlich Gemeinsamen, jener Verpflichtung aufs Wort, ist kaum mehr etwas zu spüren.)

Vielleicht tut es uns Schweizer Schriftstellern ja gut, daß unsre Landsleute uns nicht umarmen. Es läßt die einen verstummen und die andern eigen werden. Ja: zu Hause möchten wir wohl durchaus geliebt werden von unseren Landsleuten – welche Literatur wäre nicht auch ein Flehen um Liebe! –, aber die Landsleute wollen nicht so recht. Lasten *uns* die Schuld an, die sie empfinden, wenn sie uns lesen. Wenn wir aber nach Norden blicken, nach Deutschland, sind *wir* es plötzlich, die sich abgrenzen. Dort im Norden ist zwar das große Kulturland (wir wissen, wir wären verloren ohne es), aber wir möchten nicht verwechselt werden. Andauernd zeigen wir es denen, die im Zentrum wohnen – in Frankfurt, in Berlin, in München –, daß wir von den Rändern *nicht* deutsch können, nicht *dieses* Deutsch. Seit dem Ersten Weltkrieg sind die Zeiten vorbei, daß die Deutschschweizer ganz selbstverständlich allen öffentlichen Ideen der Deutschen folgen, als seien sie deren südlichste Provinz. Es ist zum Beispiel keine schicksalhafte Unfähigkeit, sondern ein etwas Allgemeines spiegelnder Widerstand, daß einer wie Friedrich Dürrenmatt, dem ja wirklich die Gabe des Wortes gegeben ist und dem Provinzialität vorzuwerfen grotesk wäre, ein Hochdeutsch spricht, als stürzten Felsbrocken eine Fluh hinunter. Wir alle haben, wenn man uns neben die gewandten Deutschen stellt, etwas Tölpeliges. Dürrenmatt, auch hier im Gegensatz zu Frisch, stilisiert sich ganz bewußt als der Trottel vom Land. Wir grenzen uns also aktiv nach außen ab und werden von den eigenen Landsleuten ausgegrenzt. Und da wundern wir uns, daß wir zuweilen ein bißchen einsam sind!

Aber kommt nicht alle Literatur – eine mit einer eigenen Stimme – von den Rändern her, seit jeher? Alle deutsche Literatur, meine ich. War nicht in jenen kurzen Zauberjahren – vom jungen Goethe bis zum jungen Brentano, die deutsche Literatur funkelnd wie noch nie – *alles* Rand? Es wird doch nicht einer von Ihnen den Finger hochheben und behaupten, Weimar sei ein Zentrum gewesen? Ringsum waren Wälder mit Köhlern, Rübenfelder und hie und da ein armer Dom. Hundert Kilometer weiter verstand kein Mensch Goethen mehr, der schon in Weimar selber seine liebe Mühe mit seinem Frankfurter Gebabbel hatte. »Ach, neige, du Schmerzensreiche!« – das konnte nur in Frankfurt ein Reim sein. Schiller! Kleist! Jener Wille zur Weltliteratur: die schiere Not, weil in erreichbarer Nähe keinerlei Welt zu sehen war. Die Frage, die es zu diskutieren gälte, lautet also: Wollen wir uns – ich meine,

wir Schweizer – permanent damit *trösten*, daß es gar nicht so gut wäre, im Zentrum des Zyklons zu wohnen, obwohl in Wirklichkeit durchaus von dort die Impulse ausgehen; oder weist uns die Literaturgeschichte tatsächlich darauf hin, daß die Ränder in ihr, von Gottfried von Straßburg bis hin zu Kafka, eine bedeutende Rolle gespielt haben? Auch Graz ist ja Rand, randiger geht's gar nicht, und trotzdem oder vielleicht eben deshalb spielt die Stadt im Bewußtsein der zeitgenössischen Literatur eine weit größere Rolle als weit größere Städte des Zentrums, Düsseldorf zum Beispiel, oder Mannheim.
Meine Ahnen – ich meine die paar, die bei uns schrieben – hatten jedenfalls nie das Glück, deutsch zu können, keiner. In der Tat sind ja die in der Schweiz überall und allgemein gesprochenen Dialekte von der Schreibsprache beträchtlich weit entfernt, und auch sie selber sind untereinander so verschieden, daß einer aus Zürich durchaus Mühe haben kann, seinen Landsmann aus dem Wallis – zweihundert Kilometer Luftlinie – überhaupt zu verstehen. Albrecht von Haller oder Gotthelf oder auch noch Gottfried Keller hatten jedenfalls ihre liebe Mühe mit der Schriftsprache und ließen sich ihre Manuskripte von Sprachmächtigen aus Berlin oder Leipzig durchsehen. Tatsächlich sagen wir alle einmal, weil eine Pflaume Pfluume heißt und eine Maus Muus: das Pflaumenmaus. Erst Robert Walser sah unser aller Stammeln als eine Qualität: machte aus unserer Not eine Tugend und verwandelte seine Unsicherheit in einen herrlichen Goldschatz, aus dem er, abweichend von den Normen des Zentrums, immer neue Juwelen ans Tageslicht brachte. Wir sind seine Enkel. Seine Lehre haben auch

die begriffen, die ihm vielleicht nicht so nahestehen. Jedenfalls ist, mit Hilfe des demütigen Walser, jene Sprachdemut aus der Schweizer Literatur verschwunden, die noch den ansonsten durchaus selbstbewußten Gotthelf auszeichnete. Inzwischen erwarten wir im Gegenteil, daß die Leser aus Hamburg berndeutsche Lautgedichte verstehen. Zudem ist sowieso alles nochmals ganz anders, vermutlich. Vermutlich beharren wir so heftig darauf, mit der Sprache des Nordens nichts gemein zu haben, weil wir inzwischen so ziemlich alles mit ihr gemein haben. Wir beherrschen sie aus dem Effeff. Wir haben sprechen gelernt, schämen uns unsres Könnens aber noch. Sehnen uns nach dem alten Ungenügen.

So machen wir uns, obwohl es immer weniger objektiven Anlaß dazu gibt, immer noch gerne klein, wie alle Ahnen es taten. Salomon Geßner, der im tätigen Leben immerhin die *Neue Zürcher Zeitung* gründete und leitete, in seinen Idyllen war sein größter Gedanke ein Marienkäfer. Noch immer neigen wir dazu, unser Licht nur in homöopathischen Dosen nach außen abzugeben. Sind höflich. Haben aber auch vielleicht immer noch wenig andere Wahl, weil auch noch in der heutigen Schweiz, wer sich bläht und reckt und dehnt – die Stimme hebt – einem geheimnisvollen Gesetz zufolge erdrückt oder über die Grenzen hinausgedrängt wird. Zuweilen meint man, man gehe selber. Keine Frage, daß jene heftige und normierende soziale Überwachung, die mit dem Begriff der helvetischen Enge auch gemeint ist, immer noch existiert. Dennoch ist diese Enge mehr denn ehedem auch ein inneres Problem der Künstler geworden. Oft genug eine erleichternde Entschuldigung für die eigene begrenzte Begabung. Das Land ist schuld, nicht man selber. Denn heute sind die Grenzen offen und die Wege kurz. Wir sind nicht mehr, wie es die Generation Albin Zollingers war, ausschließlich auf das Echo des eigenen Landes angewiesen. Zudem haben die Kämpfe der älteren Generation, jenes Rennen mit dem Schädel gegen die einheimischen Felswände, ebenfalls Wirkung gezeigt. Albin Zollingers früher Herztod hing gewiß mit seinem Kampf gegen eine verbiesterte Gesellschaft zusammen, aber er beeindruckte doch auch viele, und sei es auch nur einen, Max Frisch nämlich, der aus dem Anblick des Scheiterns Zollingers den Schluß zog, in dessen Fallen nicht nochmals blindlings hineinzulaufen. So wurde er sehr früh auch auf die Mechanismen der Rezeption in der Schweiz aufmerksam, jene permanente, bei der Mehrzahl der Schweizer vermutlich genetisch codierte Abwertung allen kreativen Tuns, die auch diesen Max Frisch immer wieder in die Verzweiflung und ins Ausland trieb. Wie viele Autoren sind aus der Schweiz geflohen! Blaise Cendrars. Friedrich Glauser. Robert Walser ja auch, und auch schon Gottfried Keller verbrachte immerhin neun Jahre in Deutschland. Jürg Federspiel ist mehr in New York als in Zürich, und wenn man Jürg Laederach antreffen will, fährt man besser nach Graz oder Berlin. Alexander Gwerder hat sich umgebracht, und Hermann Burger. Es müßte einmal einer kommen, ein Germanist, der die Geschichte jener schreibt, die von den dicken Hintern der Bauern erstickt worden sind: die sich auf ihre Gesichter setzten, ohne viel dabei zu denken. Meine Lieblingsgeschichte – um dieses Beispiel für jene permanente

Abwertung der Schriftsteller eine Lieblingsgeschichte zu nennen – ist eine, die manche von Ihnen kennen werden: 1920 wurde Robert Walser vom Lesezirkel Hottingen, einer Zürcher Kulturvereinigung, zu einer Lesung eingeladen. Er mußte jedoch zuvor dem Präsidenten, einem Herrn Bodmer, zur Probe vorlesen, und prompt befand dieser: »Aber, Herr Walser, Sie chönd ja nöd läse!« Und statt Walsers las dann ein Redakteur der *Neuen Zürcher Zeitung* Walsers Texte, während ihr Autor, der von Bodmer als krank entschuldigt worden war, unerkannt im Publikum saß. Er war die hundert Kilometer von Biel nach Zürich zu Fuß gegangen. Er klatschte nach der Lesung, wie alle anderen. So ging das bei uns, so geht das bei uns. Natürlich kennt man die Namen der erstickten Dichter nur selten. Wie auch? Aber einige wenige kriegten selbst in dieser demütigenden Lage – die dicken Hinterteile ihrer gutgelaunten Landsleute auf sich – noch ein bißchen Luft und gaben hie und da einen Laut von sich. Dann starben sie. Und wir blättern heute in ihren Schriften und sagen, daß ihnen etwas fehlt – Freiheit, Weite, Luft. Aus Zürich ist noch kein Ikarus gestartet, und Homer ist als Alpenländer auch schwer vorstellbar. Odysseus von Alp zu Alp irrend. Gottfried Keller bildete jenes Sich-klein-machen-Müssen, das ich zu beschreiben versucht habe, sogar in seinem Körper ab. Er war ein Zwerg, keine Einsfünfzig groß, ein Sitzriese immerhin, und hie und da versuchte er sogar, einen Kritiker zu ohrfeigen. Seine Wutanfälle waren berüchtigt und verliehen ihm Löwenkräfte, und noch am Vorabend seines Amtsantritts als Zürcher Staatsschreiber – ein hohes Amt – versuchte er, Ferdinand Lassalle mit

einem Stuhl niederzuschlagen. So was tat Robert Walser, der als ein Kind bis in ein hohes Alter geschildert wird, dann schon nicht mehr. Wir Heutigen gar, teilweise zwei Meter zwölf groß, halten dankbar die linke Wange hin, wenn uns Marcel Reich-Ranicki auf die rechte schlägt.
Lassen Sie uns zusammen ein kleines Spiel der Einbildungskraft machen: stellen wir uns die ideale Landschaft vor, in der die Dichter wohnen, und nur sie. Ich denke, sie sieht anders als meine Heimat aus, und auch nicht wie Ihre. Sie ist flach. Im Vordergrund liegt sie in einem strahlend hellen Sonnenlicht, nach hinten verdämmert sie allmählich zu einem schwarzen Horizont hin. Irgendwo in diesem flachen Land hat jeder sein Haus. Thomas Mann zum Beispiel – über Jahrzehnte hin unser Über-Ich aus Kilchberg –, Thomas Mann wohnt ganz im Hellen. Geht zuweilen der Dämmerung entgegen: kehrt aber rechtzeitig um. Näher, im gebrocheneren Licht schon, wohnen andere, Ungewissere. Ganz am Rand, da wo die schwarze Nacht beginnt, haben nur noch die Kühnen und die Verurteilten ihr Haus. Robert Walser wohnt direkt neben Hölderlin, aber er sieht ihn nie (sieht nie, was Hölderlin sieht), denn *sein* Fenster geht gegen das Licht hin. Hölderlin dagegen hat seines auf der anderen Hausseite und sieht ins Drohende. Hört das Toben des schwarzen Wirbels. Robert Walser spürt ein Frösteln in seinem Rücken, während er aus seinem Fenster hinausgelehnt schaut, auf den fernen Thomas Mann, der in seinem Bratenrock steht und zu ihm hinstarrt. Sollen sie einander winken? Thomas Mann hebt zögernd die Hand, und Robert Walser wirft das Fenster zu. Luchst durch die

Vorhänge, aber der Fürst ist weg, verschwunden in der lichten Menge der anderen.
Und wir heute? Wo stünden unsere Hütten? Wer von uns Heutigen traut sich an den Abgrund oder wird von seinem unseligen Geschick zu ihm hingeschoben? Max Frisch, dieser Janus, manchmal sieht er wie der vorsichtigste Bürger aus und scheint in einem Reihenhaus im Sonnenteil zu wohnen. Dann aber, wenn niemand das vermutet, kann einer ihn gleich vorn am Abgrund antreffen. Dürrenmatt, kein Janus, sondern ein Minotaurus, schnaubt durch sein Labyrinth, dessen Ausgang durchaus ins Nichts führen könnte. Ja, es ist bekanntlich schön und aufregend, belebend geradezu, aus sicherer Distanz die Todeswirbel Kleists oder Büchners zu bewundern, ihren grenzenlosen Mut und ihre unheilbare Verzweiflung: aber selber lebt dann jeder, der sich schreibend an diesen mißt, mit dem Dilemma, auch noch überleben zu wollen. Ich respektiere jeden, der vor dem Abgrund haltmachen kann. Sowieso, weil Literatur vom Tod handelt und, pathetisch und radikal, *nur* von ihm, gelingt das eher nicht. Hermann Burger hat als letzter, als letzter so eindeutig, gezeigt, daß auch die ausgeklügeltsten Lebensstrategien immer wieder versagen. Beziehungsweise, daß die geschriebene Radikalität, die dem Schreiber viel länger als ein Spiel erscheinen mochte als seinem beunruhigten Leser, dann doch zur *gelebten* Radikalität werden muß. Wieviel Schreckliches hat Literatur schon antizipiert, und der Schreibende wollte als letzter wahrhaben, was er als erster gesehen und geschrieben hatte. Als Therapie ist Literatur ungeeignet, für den Leser und vor allem und gewiß für den Schreiber.

Vor allem eins allerdings scheint mir in Überlegungen, wie ich sie jetzt gerade anstelle und die auf einen verallgemeinernden Überblick aus sind, unvermeidlich vergessen zu werden: daß die Bücher, die wir lieben, von Autoren geschrieben werden, von denen keiner dem andern auch nur im mindesten gleicht. Daß in der Literatur das Besondere zählt, das unwiederholbare Buch, immer erneut. Es gibt kein Patentamt für Belletristik, weil jeder Dichter stets weiß, daß ihm *sein* Buch von niemandem wegzunehmen ist. Das ist sein Sieg. Von seinem Scheitern haben wir gesprochen. Die Furien der Geschichte sind außerhalb seiner Reichweite. Einst allerdings hatten die Dichter wenigstens die sogenannte Nachwelt, auf die sie setzen konnten, um das Scheitern im Jetzt auszuhalten. Stendhal widmete seinen letzten Roman – ironischerweise den einzigen, mit dem er nie fertig wurde – den »happy few« seiner Gegenwart und sagte selbstbewußt, er werde seine Leser erst im nächsten Jahrhundert finden. Er hatte recht. Wer aber rechnet heute noch mit einer Nachwelt? Es wird immer schwieriger, die Zukunft zu erfinden. Ohne das Bewußtsein einer kontinuierlichen Geschichte entsteht aber keine Literatur. Nichts. Das Verschwinden von Büchern, sollte es einmal zu diagnostizieren sein, wird das Alarmsignal des Endes sein, so wie vor einem Erdbeben die Tiere Reißaus nehmen.

Noch schreiben wir ja. Noch lebt in uns jene trotzige Hoffnung, die auch den Kindern hilft, durch eine Jugend hindurchzukommen, jenen Kindern, die oft die Künstler werden, später. Noch wollen wir ja mit all unserer Kraft die Jahrtausendschwelle nehmen – ich werde dann zweiundsechzig sein – und uns nicht, obwohl wir mit Endzeitsignalen nur so überschwemmt werden und die Apokalyptischen Reiter selbst mit geschlossenen Augen herumreiten sehen, wie die Menschen bei der letzten Jahrtausendwende benehmen, im Jahr 1000, wo die Propheten auf Heuhaufen und Leitern stiegen und den Menschen das Weltende so eindrücklich prophezeiten, daß diese darauf verzichteten, ihre Felder zu bestellen, und so erfüllte sich für sie die Prophezeiung, denn sie verhungerten. – Es ist mühselig, ein Warner zu sein. Die Kassandra-Rolle, die auch eine der Literatur ist, ist unsre schwächste. Nicht, daß wir nicht oft das Richtige spürten. Baudelaire schrieb, daß Europa amerikanisch werde, und hatte recht. Dostojewski ahnte die russische Revolution, als die Zarenfamilie noch in Pelze gemummt Schlittschuh lief. Jakob van Hoddis schrieb 1913 das Gedicht *Weltende*, und dann kam es, für jene Welt endgültig. Auch wir rufen den Vorübergehenden Botschaften zu. Warum glaubt uns niemand? Zum einen natürlich, weil wir machtlos sind. Wer dem andern die Polizei ins Haus schicken kann, hat die besseren Argumente. Zum anderen aber, weil die Probleme sich ästhetisch erledigen, auch wenn sie real weiterbestehen. Ein Satz kann noch so wahr sein: wenn wir ihn zehnmal wiederholen, beginnt er zum Himmel zu stinken. Ja: jene, die unsre Welt gestalten und verunstalten, müssen nur warten, bis wir nicht mehr imstande sind, unsere Sätze ein weiteres Mal auszusprechen. Die Apokalypse war vor vielen vielen Jahren mein verzweifeltes Lieblingsthema. Inzwischen komme ich mir wie ein Dummkopf vor, wenn ich sie überhaupt noch erwähne.

Ich habe mich vorhin, scheinbar, über den Goetheschen Begriff der Weltliteratur lustig gemacht und überheblich nach der Welt gesucht, die Goethe zur Verfügung stand. Natürlich wußte er, daß er von einer Utopie sprach, in einer Welt, die riesengroß war. Heute ist die Erde so dramatisch klein geworden, daß der Begriff Weltliteratur jäh einen neuen Sinn bekommen hat. Er kann nicht mehr jene Verbundenheit ferner Einzelner über auch kulturell riesige Distanzen hinweg meinen. Die Unterschiede schwinden. Zürich wird Tokio und Graz New York. Kein Kind hustet mehr im Sudan, ohne daß das bei uns Folgen hätte. Unsere Probleme sind weltweit die gleichen geworden. Die Weltliteratur ist wirklich. Wir schreiben alle am gleichen Buch.

Die Distanzen sind so geschrumpft, daß alle vier Milliarden Erdbewohner gleichzeitig durch das biblische Nadelöhr zu wollen scheinen; die Zeit, einst etwas Unspürbares, hat zu rasen begonnen; und wir haben uns an ein unabweisbares, wenn auch gefährdetes Gefühl gewöhnt, daß alles stets überall anstrengungslos da sein könne und müsse. Wir alle haben uns daran gewöhnt, den Don Giovanni in den Kassettenrecorder zu schieben, wenn wir auf den Don Giovanni Lust haben. Klack! Nie mehr denken wir, daß unsere Großeltern – Ihre Urgroßeltern – vor Glück vergingen, wenn sie so eine Musik *einmal* im Leben hörten. Wo hätten sie sie auch hernehmen sollen, wo doch Mozart selber nicht alle seine Werke gehört hat, von Schubert ganz zu schweigen. Sie sangen und pfiffen eben, die Urgroßeltern, und einige fingerten auf dem Klavier die herrlichen Melodien nach. Kein Musikstück

gab es überall gleichzeitig, und auch die Bücher, obwohl reproduzierbar, seitdem Gutenberg den fleißigen Mönchen ein frühindustrielles Schnippchen geschlagen hatte, auch die Bücher waren selten und nicht am nächsten Kiosk zu haben.
Natürlich macht es einen Unterschied, ob wir jederzeit und mühelos einen Don Giovanni hören können – oder die Göttliche Komödie lesen – oder ob wir nach Prag oder in eine ferne Bibliothek reiten müssen, um sie ein einziges Mal kennenzulernen. Und weil die Ururgroßeltern sich auf ihrer Reise so angestrengt hatten, war ihnen auch klar, wie sehr Mozart, um bei diesem musikalischen Beispiel zu bleiben, sich Mühe gegeben hatte, für sie einen so guten Don Giovanni zu schreiben. Er war fast draufgegangen dabei, das glaubten sie ihm gern. Ihnen tat der Hintern auch noch weh in ihrer Loge.
Denken *wir* jedoch, wenn wir eine Kassette einschieben – oder wenn wir die Göttliche Komödie aus dem Taschenbuchständer nehmen –, auch nur eine Sekunde lang, daß Musik und Buch von jemandem *gemacht* worden sind? Unter Schmerzen gar? Die Kunstwerke sind einfach da, Taschenbuch oder Kassette, in großer Serie irgendwo hergestellt. Daß die super ausgesteuerten Töne und die tadellosen Reime von irgendwem erlitten sein könnten, gar unter dem Einsatz des Lebens: das kommt uns absurd vor. Wieso sollen ein Don Giovanni oder eine Göttliche Komödie nicht von Industrierobotern montiert werden können?
Daß wir, die Konsumenten – ich bin ja auch einer –, so denken, ist durchaus noch zu verstehen. Schließlich

strengen wir uns für unseren Kunstgenuß nicht die Bohne an und haben uns daran gewöhnt, daß jeder Ton, jeder Buchstabe, nach dem wir verlangen, jederzeit verfügbar ist. Wieso, um Himmels willen, sollen da die Produzenten schwitzen? Diese Produzenten, manche von ihnen, scheinen inzwischen genau gleich zu denken, obwohl sie es eigentlich besser wissen müßten. Denn Töne und Wörter, die zu Herzen gehen sollen, müssen aus einem Herzen kommen. Aber nein. Längst schreiben die Tüchtigsten unter den Künstlern die Auswertungsverträge vor dem Werk, und Gespräche über Kunst sind bei ihnen immer solche über Prozente. Viele, die ich der Einfachheit halber EG-Künstler nennen will, weil die in Mailand denen in Düsseldorf zum Verwechseln ähnlich sehen, drängen geradezu danach, die Rolle von Industrierobotern zu übernehmen. Etwas Uns-aus-den-Socken-Hauendes wollen sie zwar durchaus auch schaffen (einen Platz 1 auf einer Sellerliste) – aber *leiden,* das bitte doch lieber nicht.

Wer hätte sich im übrigen, zu Großelterns Zeiten, vorstellen können, *wie* reproduzierbar alles und jedes würde! Mit dem Fernsehen konnten sie vielleicht noch rechnen, aber nicht mit seinen Folgen. Denn das Fernsehen ist ja nicht so blöd, weil die Programme so blöd sind – das kommt dann noch dazu –, sondern weil es uns dazu verurteilt, alle gleichzeitig das gleiche zu sehen. Das Gegenteil des Lesens. Don Giovanni *und* Thomas Gottschalk werden da blöd, fast ununterscheidbar, und sie gleichen aufs Haar der Ausübung von Gewalt. Noch saugt die Industrie die Schöpfungen derer aus, die vorindustriell gearbeitet haben und, da und dort, arbeiten. Ich muß gestehen, ein bißchen fürchte ich mich vor dem Tag, da nur noch die industriellen Künstler in den Vorzimmern der Verlage, der Studios, der Galerien, der Fernsehanstalten sitzen werden. Alles, was tönt, bildert und wortet, wird dann voraussehbar sein: unnötig.

4

Damit war meine erste Vorlesungs-Serie zu Ende, und ich hatte vier freie Tage. Für den ersten, einen Freitag, hatte ich in Wien eine Lesung ausgemacht, bei Kurt Neumann in der Alten Schmiede, bescheuerterweise, denn ich hatte nicht gewußt oder bedacht, daß am gleichen Abend in Graz, im Forum Stadtpark, ein Fest stattfand, eine gewaltige Feier, deren Anlaß einer dieser runden Geburtstage war, die sich nun immer häufiger einstellen, entweder des Forums selbst oder der manuskripte *oder Fredi Kolleritschs. Fünfundzwanzig oder dreißig oder sechzig Jahre, genau schien das niemand zu wissen. Auch Kurt Neumann hatte nicht daran gedacht und wollte unbedingt zu dem Fest. Gottseidank hatte mir jemand am Abend zuvor eine Geschichte erzählt, der zufolge Curd Jürgens vor Jahren einmal am Burgtheater den Shylock oder doch eher den Dorfrichter Adam spielte und unbedingt die letzte Maschine nach Berlin erwischen mußte, und so sprach er, ohne ein Wort auszulassen, die heiligen Texte einfach etwas schneller, viel schneller, und schaffte es gerade noch. Ich tat es ihm nach. Begrüßungsworte von würdiger Knappheit und ein Abschied, der sehr einer Flucht glich. So saßen Kurt und ich dann etwas verschwitzt, aber fröhlich im Speisewagen des Achtuhrzugs nach Graz (in der Alten Schmiede beginnen die Lesungen* stets schon um halb sieben). Das Fest war gerade richtig angewärmt, als wir eintrafen, ebenfalls angewärmt. Alle saßen an langen Tischen, ein durch keine Elektronik verstärktes Orchester spielte, es gab zu essen und zu trinken, alle schienen immer glücklicher zu werden, und nur Jürg Laederach tigerte den ganzen Abend wie der Ewige Schweizer durch alle Säle, irgendeinen stillen Grimm in Motorik verwandelnd.

Am nächsten Morgen fuhren Klaus, Nadja, Hraban und ich in einem dichten Schneegestöber in die Oststeiermark, in die Datscha von Klaus, wegen der Schönheit der Gegend und weil das Wasser abgestellt werden mußte. Hraban, der hinter mir saß, leckte eine Weile lang meinen Hals und rollte sich dann neben Nadja zusammen. Eine weiß verschneite Landschaft, die immer schöner wurde. Niedere Häuser, als seien wir schon in Ungarn. Keine Gänse allerdings, dazu war es wohl zu kalt. Das Haus stand in den Schatten einer riesigen, uralten Burg geduckt. Wir heizten den Ofen ein und stampften zähneklappernd in den Zimmern herum, bis es warm geworden war. Dann brachen wir wieder auf. Auf dem Heimweg schliefen wir alle. Vielleicht steuerte Hraban. Aber wir kamen wohlbehalten zu Hause an und beschlossen – Hraban enthielt sich der Stimme –, einen Fernsehabend zu veranstalten. Nadja lieh uns irgendwo Apocalypse now aus, einen Film, den ich nicht kannte und den Klaus und Nadja nur drei oder vier Mal gesehen hatten. Ich war ganz begeistert, weil ich nämlich die Monate zuvor just Joseph Conrads Heart of Darkness übersetzt hatte (sowie seine Kongo-Tagebücher) und nun erst erfuhr, daß Coppolas Vietnam-Geschichte *dieselbe Suche nach demselben Kurtz erzählt. Unglaublich gute Szenen in der ersten Hälfte, ein etwas hastiger Schluß, als seien Geld und Geduld ausgegangen. Klaus wußte das schon und schlief schnarchend ein (Nadja? schlief sie auch?), während ich seinen Whiskey trank, hie und da Hraban von meinem Schoß schubste und auf den sterbenden Kurtz starrte. Dann wollte der Hund auch noch ein bißchen mit Klaus spielen und weckte ihn, und wir warfen eine Weile lang seinen Gummiknochen in die Zimmerecken. Dann sprachen wir von Joseph Conrad und Kafkas Onkel, der nicht viel später auch im Kongo gelandet war, und gingen schlafen.*

Am Sonntag abend – nun waren wir alle wieder hellwach – veranstalteten Nadja und Klaus ein Essen, für ein ganzes Zimmer voller Gäste. Auch Jürg Laederach hatte seinen Witz wiedergefunden. Es gab Hase und Serviettenknödel, und nur Klaus fand – die Selbstkritik des Kochs –, daß die Serviette wesentlich besser als die Knödel schmeckte; wir brauchten eine Weile, ihn vom Gegenteil zu überzeugen. Die guten Weine halfen uns dabei. Eine wunderschöne Frau aus Edinburgh, der ich sagte oder sagen wollte, ich sei auch einmal in Edinburgh gewesen, lehrte mich, wie man das Wort Edinburgh ausspricht, Edinburgh nämlich und nicht, wie ich das getan hatte, Edinborough. Ich lernte auch noch anderes Schottisches. Der Hund war auch irgendwo und bellte zuweilen noch lauter als wir.

Am Montag erfüllte ich mir schließlich einen alten Traum. Ich ging in die Wiener Staatsoper. Denn erstens gibt es in einer Oper keine Hunde, zweitens wurde der Maskenball *von Verdi gespielt, und drittens hatte ich auf den Plakaten gesehen, daß Rudolph Mazzola einen der Verschwörer sang. Mazzola stammt nämlich aus der gleichen Stadt wie ich, aus Basel, oder er hielt sich mindestens in ihr auf, jedenfalls hatte ich ihn zuweilen, in meinen und seinen Jugendtagen, in den Kneipen herumgrölen hören. Eine gewaltige Stimme, die zuweilen so laut wurde, daß sich ein ganzer Pulk aus Freunden über ihn warf, um ihn zu ersticken. Unter dem Menschenhaufen dann immer noch sein mächtiges Gurgeln. Irgendwer entdeckte ihn dann – so wie Caruso von einer Leiter herabsang, als gerade der Direktor der Oper von Neapel vorbeiging –, und heute ist Rudolph Mazzola ein Star. Da saß ich also, hoch oben in den Rängen, zwischen Japanern. Was für ein Orchester! Was für Sänger und Sängerinnen! Eine Inszenierung wie aus Verdis Tagen! Leider erkannte ich den edlen Kneipenbaß von früher nicht wieder, weil er als Fürst aus alten Zeiten verkleidet war und einen Bart und einen Schlapphut trug. Auch kam mir seine Stimme irgendwie gepflegter vor, vielleicht auch, weil diesmal niemand versuchte, ihn vom Singen abzuhalten. Im Gegenteil. Ich klatschte jedenfalls frenetisch. Danach aß ich einen Tafelspitz mit Apfelkren und ging in mein Hotel.*

5

Heute will ich, *so fing ich meine vierte Vorlesung an,* von unseren beiden Säulenheiligen sprechen, von Gottfried Keller und von Robert Walser, und ein bißchen von einem dritten, von Max Frisch, der, wenn auch weder Heiliger noch Säule, trotzdem längst ein Klassiker zu Lebzeiten geworden ist. Schwer zu sagen, ob jeder für eine Epoche einer allmählich zu ihrem Selbstbewußtsein findenden Schweizer Literatur steht – ob der Weg also sozusagen nach oben führt – oder ob sie nicht viel eher drei Stationen eines verzweifelten Rückzugsgefechts markieren. Gottfried Keller jedenfalls ist das Gesetz. Denn einige glückliche Jahre lang, nach 1848, schienen das öffentliche Wollen und die privaten Sehnsüchte der Menschen identisch geworden zu sein. Ein Traum, den jeder Dichter träumt, schien für Keller in Erfüllung gegangen zu sein: so identisch mit dem »Volk« zu sein, daß er mit seiner Stimme aus seiner Mitte heraus singen konnte, namenlos sozusagen, weil das Allgemeine keinen Namen brauchte. So wurde der ja eigentlich zu Rückzug und Melancholie neigende Keller zum öffentlichen Sänger, und es ist bewegend anzusehen, wie ihm im Lauf der Jahre dieses Einssein mit Volk und Staat immer mehr abhanden kommt, bis er sich, am Ende seines Lebens, wieder so allein wie zu seinem Beginn findet. Robert Walser, der bei Kellers Tod immerhin auch

schon zwölf Jahre alt war, denkt dann nicht mehr im Traum daran, das Gesetz sein zu können. Er ist die Verweigerung. Die Morgenröte der Demokratie war unwiederbringlich dahin, und er sah keine andere Lösung, als sich selber zum Verschwinden zu bringen, in einem Pathos der Mimikry, das die Zeitgenossen nicht bemerkten und wohl auch nicht bemerken konnten. Zu seiner Zeit sahen seine merkwürdigen Prosaskizzen genau so wie das aus, was jeder konnte. Und wer liest schon gern das, was jeder kann. Keiner merkte, daß just das so selbstverständlich Aussehende das war, was niemand sonst konnte.
Max Frisch steht für die Revolte. Er, der von vorn wie ein weiser Chinese aussieht, wäre wohl, zeigte er uns die erdabgewandte Seite seines Mondgesichts, wutfletschend oder tränenüberströmt. Er gleicht Keller in der lebenslangen Anstrengung, ein öffentlicher, auf die Gemeinschaft bezogener Schriftsteller zu sein, nun von Anbeginn an in unübersehbarer Opposition allerdings. Aber auch das Erbe Robert Walsers lebt in ihm weiter: in seinem lebenslangen Gefühl des Versagens, das allerdings auch Keller schon so vertraut war, daß man in ihm eine helvetische Konstante sehen kann. Schreiben = Versagen, diese Gleichung geht auch heute noch ziemlich oft auf. Frisch jedenfalls ist nie triumphal seine Erdenbahn gezogen – Bucherfolge haben uns, nie aber ihn getäuscht –, sondern blieb von Selbstzweifeln verfolgt, die durchaus bedeuten konnten, ob er denn überhaupt ein Schriftsteller sei. Er, der Erbe, scheint am Ende eines Wegs angekommen zu sein, den Keller einst hoffnungsvoll begonnen hatte und an dessen Rand, halbwegs etwa, Walser erschöpft ins Gras

gesunken war. Natürlich ist dieser Weg der unserer Geschichte. Unserer einst radikal gedachten Demokratie. Für sie war Keller mit dem Gewehr in der Hand losgezogen, ein Revolutionär in einer Revolution, die so unblutig auch wieder nicht verlief – es gab mehr als zweihundert Tote –, die vor allen Dingen aber erfolgreich war. Als einzige in ganz Europa. Kein Wunder, daß Keller die neugewonnene Demokratie besang, und folgerichtig auch, daß er später ein hohes Staatsamt bekleidete. Max Frisch als Staatsschreiber von Zürich – das Amt existiert immer noch, allerdings einigermaßen abgewertet – ist eine so groteske Vorstellung, daß sie einem nicht einmal mehr als Witz einfällt. Denn inzwischen ist das Geld, das zu Kellers Zeit unter den neuen günstigen Bedingungen der Demokratie zu »arbeiten« begann – so nennt man das wohl –, vollends tobsüchtig geworden, und Max Frisch, eben weil er dieselben urdemokratischen Ideale wie Keller hat, ist der Sprecher jener oppositionellen radikalen Minderheit geworden, die sich heute an die politischen Absichten von 1848 überhaupt noch erinnern will. – Die Geschichte hat zuweilen einen seltsamen Humor. Einer ihrer bizarrsten Scherze ist, daß die revolutionäre Partei von damals, der sogenannte Freisinn, in der gänzlich verwandelten Schweiz immer noch die tonangebende Partei ist. Die Erben der Revolution haben jede Wendung der Geschichte, wenn nicht bestimmt, so doch mitgemacht und sind heute die Partei des ungehemmtesten Unternehmertums. Hand in Hand mit den anderen bürgerlichen Parteien – und stets deren Lokomotive – haben die Freisinnigen es geschafft, die Widersprüche, die zwischen demokratischem Leben und Geldmachen bestehen, wegzuzaubern, indem sie uns beigebracht haben, daß ein Demokrat ein Reicher ist und ein Armer durchaus so etwas wie ein potentieller Staatsfeind.

Aber in einem Klischee steckt doch oft eine Wahrheit verborgen. Tatsächlich spielt das Geld seit eh und je seine besondere Rolle in der Schweizer Literatur. Adolf Muschg hat uns in seinem Gottfried-Keller-Buch darauf aufmerksam gemacht, daß man den *Grünen Heinrich* als eine Geschichte der Ökonomie lesen kann, ja muß, als die Geschichte von Heinrichs Ökonomie. Daß bei Keller die Schuld – jenes diffuse Gefühl, das uns antreibt *und* zerstört – deckungsgleich mit den Schulden ist, die es abzuzahlen gilt. Auch Walser handelt, aus eigener existentieller Not, ständig vom Geld. Und man kann nicht sagen, daß der Druck des Kapitals seither kleiner geworden ist, im Gegenteil. Wir alle spüren ihn, und er beeinflußt unser Schreiben. Nur ist es jetzt der Terror des zuvielen Gelds, oder des immer wahnwitziger verschieden verteilten Gelds dieses Krieges mitten im Frieden. Wir, die Schriftsteller, sind nicht die Reichen. Die Reichen schreiben nicht.

Ein erstes, was uns an Gottfried Keller gefangennimmt – ich wende mich ihm nun für einige Minuten zu –, sind die schier unglaublichen Spannungen, die ihm seine Biographie zumutete. Als er 1819 geboren wurde, war Goethe noch schwer in Form und beobachtete in Jena Planeten, und als er 1890 starb, krähte Hitler schon in seiner Wiege. In seiner Kindheit führte ein verwunschener Weg durch stille Wälder aus einem Zürich, das hinter mittelalterlichen

Stadtmauern verkrochen blieb, in das kleine Bauerndorf Glattfelden, dessen Bürger er war. Im Jahr seines Todes fuhren Eisenbahnen, der Wald hatte sich – nicht von selbst – gelichtet, die Stadtmauern waren geschleift, die Stadt mehr als dreimal so groß, Schornsteine rauchten, Straßenbahnen klingelten, und er trank hie und da seinen Schoppen im Buffet eines Bahnhofs von großstädtischer Größe. Der junge Keller sah noch jene ancien-régime-artige Welt, in der die Zeit kaum spürbar zerrann, der alte aber hatte schon viele unserer Sorgen und, zugegeben, auch unserer Annehmlichkeiten. Auch er schätzte das neue Gaslicht, das ihm spät nachts heimleuchtete: Aber ein gemaltes Bild schien ihm zeitlebens wahrer als eine jener neuen Photographien. – Daß und wie ihm das Leben diese Spannungen aufzwang, ist an seinen Büchern ablesbar. Der *Grüne Heinrich*, ein Buch der Bücher, eine Überfülle zu Poesie gewordenen Lebensschmerzes und einzigartig auch innerhalb von Kellers Werk, beschreibt noch jene frühe Zeit; der *Martin Salander*, sein letztes Buch, wirkt dann auf uns gewiß auch so spröde, weil er das Elend, das das wuchernde Kapital anrichtet, zu einer Zeit benennt, die wir gern die gute alte nennen. »Es ist nicht schön!« jammerte Keller, als er das Buch fertig hatte. »Es ist zu wenig Poesie drin!« Da hatte er schon recht. Der Druck des gnadenlos gewordenen Kapitals – es ist das Thema des *Martin Salander* – hatte seinem Schreiben jene Herzlichkeit, jene warme Trauer, jene überschwemmend strömenden Gefühle ausgetrieben, die seine früheren Werke so sehr auszeichnen. Der Gewinn war jedoch ein genauer diagnostischer Blick. Nun nahm er nicht mehr *alles* auf sich. Nun wußte er, daß nicht nur er selber schuld an seinem Unglück war, daß nicht nur das Alter ihm das alles angetan hatte, daß seine Marginalisierung, seine Armut, die sich erst im Alter gerade so gemildert hatte, daß er seine Jugendschulden bis auf den letzten Rappen zurückzahlen konnte, daß sein rapide größer werdendes Mißbehagen benennbare Gründe hatten. Das neu wuchernde Geld, das bis heute zu wuchern nicht aufgehört hat, spielte auch ihm mit. *Martin Salander*, immer noch ein durchaus mühselig zu lesendes Buch, ist dafür ein Buch ganz aus unserer Zeit. Zu Kellers Lebzeiten lernte das Geld laufen, und heute hat es so große Füße, daß diese ganze Landstriche zermalmen.

Politische und gesellschaftliche Entwicklungen sind bei Keller enger mit seinem Schreiben verknüpft als bei vielen anderen. Er wurde, sehr jung, zum Sänger der neuen Demokratie, einer Staatsform, die auch nach ihrer Legalisierung noch den Ruch des Revolutionären an sich trug; und so rochen natürlich auch ihre Verfechter, auch Keller, noch eine Weile lang nach Pulver und Blei. Keller ist einer jener seltenen »positiven« Dichter der Literaturgeschichte, die auch »gute« Dichter sind. Deren literarisches Eintreten für eine »gute« Sache, eine politisch gute, nicht auf der Stelle in die Idylle des nur Gutgemeinten abkippte. Daß ihm das nicht *ganz* gelang – viele seiner *ça-ira*-Gesänge der Revolutionsjahre sind eher laut als wahr –, zeigt die Schwierigkeit des Unterfangens, wenn nicht sein Unmöglichkeit. Aber er war im Leben einem Traum, den alle Dichter kennen, nähergekommen als die meisten. Ein Dichter des Volkes zu sein, mit diesem eins. Identisch mit allen, anonym die Geschichten des Volks zu erzählen.

Denn es ist ja nicht so, daß die Dichter – frühere und heutige – freiwillig einsame, hochfahrende, ichverliebte und rebellische Menschen sind. Ein jeder schriebe noch so gerne mit der Stimme des Volkes namenlos aus seiner Mitte heraus. Wenigstens Keller wollte das ganz gewiß. Eine Zeitlang schien es auch zu funktionieren. Ein paar kurze Jahre lang. Vor und nach 1848 schien das ganze Volk etwas Aufregendes zu wollen, die radikale Demokratie. Aber dann – als auch in der Schweiz das Leben wieder »normal« wurde und das Volk mit ihm – dämmerte auch ihm bald einmal das Problem, das jedem von uns gleich zu Beginn schon berghoch vor den Augen steht: wie soll das gehen, das namenlose Singen des Gemeinsamen, bei so einem Volk? Sagt es nicht viel, wenn nicht alles, daß Gottfried Keller, der glühende Vorkämpfer der Demokratie, just 1849, kaum war das Ziel erreicht, für sieben Jahre nach Berlin verschwand, ins Herz der brutalsten monarchistischen Machtausübung, wo er dann den *Grünen Heinrich* schrieb, die Geschichte nicht eines Siegs, sondern einer schrecklich schuldhaften Niederlage? – Es ist unmöglich, herzlich den Gesang aller Menschen zu singen, wenn diese Menschen morden, betrügen und lügen und sich nicht darum scheren – solange sie nicht selber dran sind –, wie viele Menschen anderswo verrecken und wieso. So erst wird der Dichter »eigen« – uns allen ergeht es so, nicht nur Keller, der unter seinem Eigenwerden dann mehr litt als die meisten –, so erst kriegt er eine »eigene« Sprache – die utopische Abweichung vom mörderischen Sprechen der vielen –, und erst so kommt er zu einem »Namen«: heißt Gottfried Keller zum Beispiel und wird vielleicht sogar berühmt und, wer weiß, geehrt: weil er, als Stellvertreter, das auf sich nimmt, was jene andern ein Leben lang heiter und ohne ein Gefühl einer Schuld unterlassen. Das ist ihnen dann zuweilen einen Ablaß wert, einen Ehrendoktor, einen Lorbeer, einen Scheck. Darüber wird vergessen, zuweilen auch vom Dichter selber, was die eigentliche Utopie war. Keller träumte seinen Harmonietraum – ein Teil des Volkes zu sein, mit diesem einig – ungewöhnlich heftig, durch die Zeitumstände beflügelt, und äußerst vergeblich. Immer wieder nahm er einen neuen Anlauf, und immer erneut mußte er erkennen, daß seine Träume nicht die der vielen waren. Die vielen träumten bald einmal von Geld und Macht und Besitz. Keller träumte von einem gleichen, glücklichen Volk, und er glücklich und gleich mittendrin. Die so verschiedenen Träume konnten nicht zusammenkommen. Aber wir haben keinen Anlaß, die utopische Wucht einer solchen Sehnsucht zu belächeln, bei Gottfried Keller nicht und heute auch nicht, wenn sich ein Zeitgenosse zeigt, der in utopischer Naivität nochmals und wieder versucht, mit allen eins zu sein. Natürlich stellt sich bei näherem Zusehen heraus, daß, wenn überhaupt einer, eher Herr Konsalik mit der Stimme aller spricht. Aber Utopien sind nicht dazu da, realisiert zu werden. Dazu waren sie vermutlich nie da. Sie sind dazu da, an andere, just unerreichbare Möglichkeiten zu erinnern. Ein Ziel zu zeigen, das in Wirklichkeit nie erreicht werden kann. Nie. So gesehen sind alle Kunstwerke utopisch. Was ein Kunstwerk zeigt, ist nie Wirklichkeit. Weder Gottes Bibel noch Dantes Inferno, nur zum Beispiel. Es ist ja eben – wir sprachen schon einmal davon – eine der wichtigsten

Qualitäten von Literatur, daß sie die probeweise hergestellten Wirklichkeiten wieder ungeschehen machen kann. In der Literatur dürfen wir probeweise, nur mal so, den Vater oder den Kaiser ermorden, und nichts ist »in Wirklichkeit« passiert. Die unbedachtenKritiker radikaler Literatur lesen sie erschrocken immer erneut im Maßstab 1:1, wie die Wirklichkeit selber, in der, um beim Beispiel zu bleiben, ein Mord endgültig ist. Im wirklichen Leben sind Maßnahmen nötig, jenen Mord zu verhindern. Um so mehr brauchen unsere Affekte und unsre Phantasie eine Möglichkeit, ungestraft die extremen Möglichkeiten des Denkens, Fühlens und Handelns zu simulieren. Eine dieser Möglichkeiten heißt Literatur.
Im übrigen kannte ein durchschnittlich aufmerksamer Leser zu Gottfried Kellers Lebzeiten keineswegs das, was uns heute an seinem Werk so bewegt. Wir Schriftsteller haben alle die rührende und ichbezogene Neigung zu denken, nur weil wir diese oder jene Herrlichkeit geschrieben haben, kennten sie nun alle anderen auch. Tun die aber nicht. Selbst die treusten Leser kennen nur dieses Buch und dann noch jenes, und welcher Leser ist schon treu. Früher, als ich noch klein war, dachte ich, beim Schreiben sei das so, man habe zuerst wenige Leser, und dann gewinne man immer mehr dazu, und schließlich hat man ganz viele. Ich hatte völlig übersehen, daß man Leser nicht nur gewinnt, sondern auch verliert, jene, die nach ein, zwei Versuchen denken, den habe ich begriffen, den kann ich abhaken, und sich hemmungslos einem oder einer neuen Schönen in die Arme werfen. Von Keller kannte ein gebildeter Bürger zu seinen Lebzeiten die damals sehr po-

puläre Erzählung vom *Fähnlein der sieben Aufrechten*, jene paar revolutionären Lieder, einige Zeitungspolemiken und sonst nicht viel mehr. Ja, wohl noch die Geschichten von Seldwyla. Als Keller im eisigen Winter von 1879, gute zehn Jahre vor seinem Tod, die Geschichte seiner Kindheit und Jugend nochmals neu schrieb – die zweite Fassung des *Grünen Heinrich* –, soll er sein Arbeitszimmer mit den 360 Exemplaren der Erstausgabe von 1853/55 geheizt haben, die er von seinem Verleger Vieweg zurückgekauft hatte. Die Auflage hatte ganze 1000 Stück betragen. Man darf also auch vermuten, daß die Ehrungen, mit denen Keller an seinem fünfzigsten Geburtstag überschwemmt wurde (Volksfest, Ehrendoktor, Musiken), durchaus ohne Kenntnis seines Werks stattfanden. Die Zürcher ehrten den engagierten Patrioten und gewiß auch den verlorenen Sohn, denn daß Keller, nunmehr ein Mann des Staats von unbestrittener Integrität, kurze Jahre zuvor noch ein saufender und, aus bürgerlicher Sicht, arbeitsscheuer Hallodri gewesen war, wußten alle nur allzu gut. Er war als leuchtendes schlechtes Beispiel eine lange Zeit einen Weg gegangen, den mancher brave Zürcher Bürger insgeheim zu gern auch einmal betreten hätte. Daß er anderswo als Dichter Ruhm erlangt hatte, war ihnen, wenn es an ihre Ohren drang, nicht unangenehm. Warum nicht? Sie aber hatten den realen Keller vor Augen: dessen Unangepaßtheit sie gereizt hatte und dessen Läuterung ihnen als ein Sieg vorkommen mußte, der nicht frei von puritanischem Moralin war.

Seit Jahren träume ich davon, einen Aufsatz zu schreiben, eine dieser endgültigen Arbeiten, die »es« ein für alle Male sagen und die den Titel *Die entsetzlichen Mütter der Dichter* trüge. Es ist eine dieser Arbeiten, die nur als Projekt etwas taugen und ausgeführt völlig unerträglich wären. Goethes Mama hätte darin einen Ehrenplatz – wieso wohl vermied es Goethe, wann immer er nur konnte, nach Frankfurt zu reisen, und nahm sogar nur mühsam zu begründende Umwege in Kauf, wenn sein Heimweg nach Weimar die Mutterstadt zu berühren drohte? –, die Mutter Robert Walsers, früh schon eine tief depressive Untote geworden, die Samuel Becketts, der vor ihr nicht nur in ein anderes Land, sondern sogar in eine andere Sprache floh, die Rimbauds, der ein Ähnliches tat – er rannte bis nach Aden, das damals nicht, wie heute, das Ende der Welt war, sondern die Hölle –, und die Gottfried Kellers eben, den ein unseliges Gemisch aus ökonomischer Notwendigkeit und diffuser Schuld zwang, bis zu seinem fünfundvierzigsten Lebensjahr mit seiner Mama einen gemeinsamen Haushalt zu führen. Das, gekoppelt mit dem gemeinhelvetischen Puritanismus, half sicher mit, daß auch Keller, dieser überströmend begabte Mann, sich lebenslang als einen Versager erlebte. Was er tat, galt ihm wenig, und wenn es der *Grüne Heinrich* war. Den sah er bis zu seinem Tod als etwas halbwegs Gescheitertes, einen ungenügenden Ersatz für das, was er eigentlich zu sein glaubte: ein Dramatiker nämlich. Ja, Keller erlebte sich – nachdem er den Traum, Maler zu werden, aufgegeben hatte – lebenslang als einen Bühnenautor, der in der Prosa dilettierte, weil sein Theaterschaffen scheiterte. Tatsächlich hat er nicht ein einziges Stück zu Ende geschrieben. Gar zur Aufführung gebracht. Vielleicht hat der gerechte Gott

Kellers – ich meine: seine kluge Psyche – mit diesem Wahn einen Trick angewendet, um dem unstillbaren Selbstabwertungstrieb Kellers Nahrung zu geben. Denn solange Keller sich als Dramatiker grandios scheitern sah – wie litt er darunter! –, konnte er, sozusagen hinter dem Rücken seines Scheiterns und auch von ihm selber unbemerkt, in der Prosa Triumphe feiern. In der Lyrik. Gewiß entsprach diese ständige Abwertung einem Muster, das er schon mit der Muttermilch eingesogen hatte. »Nicht daß ich dich von deiner Kunst abhalten will«, schrieb die Mutter dem gerade erwachsenen Sohn und wollte natürlich genau das, »aber meine mütterliche Meinung darf und muß ich dir doch sagen. Frau Dekan« – eine heimatliche Autorität, schnell zu Hilfe geholt – »glaubt indessen auch nicht, daß du ein ausgezeichneter Künstler geben könntest, sondern auch nur mittelmäßig.« Ach je. Kein Wunder, daß Keller in seinem Werk um so eifriger versuchte, seine Mutter loszuwerden. Natürlich schreckte auch er, wie alle Künstler, nicht vor dem imaginierten Mord zurück. Der *Grüne Heinrich* beschreibt, nur schwach verkleidet, den ganzen Jammer des jungen Heinrich, des jungen Gottfried, der in München ein Maler werden will und nach und nach den ganzen Besitz der Mutter durchbringt. Er zögert seine Rückreise nach Zürich so lange hinaus, wie's nur geht, und als erendlich loszieht, unterwegs Eichendorffsche oder auch Goethesche Liebesabenteuer erlebend, scheut er keine Umwege und besucht sogar das Schützenfest von Basel, das nun wirklich nicht zwischen München und Zürich liegt und wo er drei Tage im Festgebrodel sitzen bleibt, obwohl er weiß, daß die Mutter sich zu Tode grämt.

Weil natürlich, nicht obwohl. Als er endlich zu Hause ankommt, ist die Mutter tot. Das Warten hatte sich gelohnt. Aber wir sind wieder in Zürich, und hier straft Gott sofort, auch einen mit Feuerbach aufgewachsenen Atheisten, und wenige Seiten später liegt auch der arme Heinrich unter der Erde. Im wirklichen Leben war Gottfried, als er 1842 dem Haus seiner Mutter zustrebte, bei Freunden in Frauenfeld geblieben, ebenfalls drei Tage lang, ein paar Fußstunden von Zürich, und als er endlich ankam, lebte die Mutter wie eh und je, und als sie zweiundzwanzig Jahre später starb, war der grüne Gottfried Keller längst grau geworden.
Hier könnte ich nun beginnen, genauer über seine Werke zu sprechen. Man kann in ihnen herumwandern wie in einem weiten, lichten Wald. Ich könnte über seinen lebenslangen Jammer mit den Frauen sprechen, diese Trostlosigkeit, über seinen eher verzweifelten als befreienden Humor, der mit seinem Elend mit den Frauen eng verknüpft ist und oft so klingt, als lache da einer unter einem Mühlstein hervor, über seine wiederum damit zusammenhängende Schwierigkeit, auch in der Literatur sicher mit Frauen umzugehen, so daß er, der sonst wie im Traum das herzanrührende Wort zu finden wußte, sich seiner weiblichen Erfindungen nie sicher war. Wie er sich später ihrer schämte, und daß es die Scham war, nicht künstlerisches Wollen, die ihm im Alter gebot, so viel sinnliches Glänzen aus seinem Meisterwerk zu streichen. So daß die nackte Judith verschwinden mußte und an ihrer Stelle die entsagende auftauchte. »Bei der Lektüre seiner eigenen Sachen ist er schreckhaft gewesen«, so sagte es Walter Benjamin.

Ich könnte versuchen, wie ich das im übrigen getan habe, das berüchtigte *Fähnlein der sieben Aufrechten* vor seinem Ruf als hurrapatriotisches Stück zu retten und die vielen Moll-Töne innerhalb der Kellerschen C-Dur-Blechmusik zeigen. Ich könnte Ihnen ein Gedicht wie die *Winternacht* vorlesen, und dann hielten auch Sie ihn für einen großen Lyriker. Ich könnte Ihnen seinen Tod beschreiben, dieses langsame Dahinsiechen. »Entschuldigen Sie«, sagte er zu seinem Freund Arnold Böcklin: er meinte, daß er starb. Und ich könnte beschreiben, was passierte, als er tot war: als er plötzlich, als sei eine Seite im Buch der Wertungen umgeschlagen worden, ein Bedeutender war, ein Großer Sohn des Landes, so daß die *Neue Zürcher Zeitung* mit einem schwarzen Trauerrand erschien und die gesamte erste Seite mit einem ehrenden Nachruf füllte; daß der Bundesrat eine Delegation zu seinem Begräbnis sandte, das sehr einem Staatsbegräbnis glich. Oder aber auch, wie dieser selbe Mann noch kurz zuvor mit Böcklin in der Wirtschaft gehockt war, stumm wie immer, so wie es eine zeitgenössische Anekdote durchaus glaubhaft berichtet, nämlich so: die beiden sitzen in der »Öpfelchammere« und schweigen sich an. Trinken hie und da einen Schluck. Kommt einer herein, setzt sich an ihren Tisch, trinkt und schweigt auch. Nach einer halben Stunde sagt er: »Heiß hütt!« Trinkt. Nach einer weiteren halben Stunde geht er. Hebt Keller den Kopf und sagt zu Böcklin: »Guet, daß er gange isch, dä Schnurisiech!«
Ich könnte, ich würde auch gern, aber wir wollen, der Ökonomie so einer Vorlesung gehorchend, Keller fürs erste in Ruhe lassen. Robert Walser, auch ein Schweiger,

der jäh zu heftigen Monologen fähig war, will auch noch drankommen. Von ihm sagte ich, er sei nicht mehr das Gesetz, sondern die Verweigerung. Und wie er die war! Ich glaube, zu seiner Zeit, um 1930 herum, hätte man jedem, jedem Gebildeten, das Messer auf die Brust setzen können und sagen, los, die zehn wichtigsten Schweizer Schriftsteller, die fünfzig wichtigsten, oder diese Klinge durchbohrt dein Herz!, und sie hätten gestammelt: Zollinger, Inglin, Hermann Hesse, aber keinem wäre in seiner Panik Robert Walser eingefallen, der, ein vielbändiges Werk hinterlassend, in der Anonymität verschwunden war, in einer Heilanstalt, um genau zu sein, freiwillig, soweit es in diesem Bereich eine Freiwilligkeit gibt. Er wollte nichts mehr von seinem Schreiben wissen. Er wollte nichts mehr von sich selber wissen. Jahrelang habe ich mich herumgequält, um ihn für mich vor dem Begriff »Wahnsinn« zu retten, so wie man das auch bei Hölderlin versuchen mag, aber die Wahrheit ist, daß wir bei Walser von Anfang an oder jedenfalls sehr bald innerhalb jener Aura sind, im gefährdeten Bezirk drin. Walter Benjamin, der unfaßbar Kluge, hat das in seinem Aufsatz von 1929, einer der frühesten Äußerungen über Walser überhaupt, so gesagt: »Denn das Schluchzen ist die Melodie von Walsers Geschwätzigkeit. Es verrät uns, woher seine Lieben kommen. Aus dem Wahnsinn nämlich« – von dem, konkret biographisch, Benjamin damals kaum etwas wissen konnte – »und nirgendwoher sonst. Es sind Figuren, die den Wahnsinn hinter sich haben und darum von einer so zerreißenden, so ganz unmenschlichen, unbeirrbaren Oberflächlichkeit bleiben. Will man das Beglückende und

Unheimliche, das an ihnen ist, mit einem Wort nennen, so darf man sagen: sie sind alle geheilt. Den Prozeß dieser Heilung erfahren wir freilich nie, es sei denn, wir wagen uns an sein *Schneewittchen* – eines der tiefsinnigsten Gebilde der neueren Dichtung –, das allein hinreichen würde, verständlich zu machen, warum dieser scheinbar verspielteste aller Dichter ein Lieblingsautor des unerbittlichen Franz Kafka gewesen ist.«

Das ganze Werk Robert Walsers ist eine Art innere Autobiographie mit verstellter Stimme. Nicht ein einziges Wort hat er unverstellt, sozusagen von Mann zu Mann, gesagt. Noch mehr als alle andern versteckt er sich hinter Masken und nimmt, ein wahrer Proteus, immer neue Rollen an. Er kann nur »Ich« sagen, wenn dieses Ich als Kind, als Schüler, als Angestellter, als Spaziergänger und was weiß der Teufel, ja, auch als Teufel verkleidet ist. Noch im letzten Roman, der *Der Räuber* heißt und so etwas wie ein endgültiges Buch ist, ohne die Vorstellung einer Publikation oder eines Lesers geschrieben, in entsetzlich-heiterer Einsamkeit, verkleidet er sich immer noch und spaltet sich in zwei Ichs, ein braves und eines, das völlig asozial (und ein Schriftsteller) ist. (Er konnte sich einen Schriftsteller nur noch als einen Kriminellen vorstellen.) Immer wählte er Rollen, die ihn marginal und klein machten, Kinder, Tölpel, und auch das hatte durchaus Methode, indem Walser ganz bewußt oder ganz traumtänzerisch die Erwartungen nicht erfüllte, die man auch zu seiner Zeit schon an einen Schriftsteller stellte. Er funktionierte nicht in einem System, in dem auch die Schriftsteller zu funktionieren hatten, und er tat dies mit voller Absicht. »Jeweilen,

d. h. von Zeit zu Zeit«, schrieb er, »werfe ich zerrissene Manuskripte in den Papierkorb, im Instinkt, daß es hübsch, fein, propper, nobel sei, stets irgendwas aufzuopfern, und damit das Schaffen mäßig bleibe.« Er wollte nicht, so wie schon damals eine werdende Medien-Industrie das zu erwarten begann, »jährlich irgendwelche Hundertprozentigkeit ans Tageslicht gelangen lassen«. Nein, das wollte er nicht, er beließ es bei 80 %, und die lasen sich dann zuweilen wie 130 %.
Walser schrieb, wie man atmet, absichtslos, jeder Ablenkung nachgebend, wohl weil er spürte, daß sich gerade in der unerwarteten Wendung der erinnerte Schmerz meldete, das »Eigentliche«, bzw. daß er ihm so ausweichen konnte. Wie wirklich kein anderer, und Flaubert schon gar nicht, hat er jenes Ideal der scheinbaren Inhaltslosigkeit erreicht und die Wörter Musik werden lassen; und trotzdem sind seine Stücke aufgeladen und bedeutungsdicht. Dieser unablässige Strom von Wach-Phantasien, der da bewußt-unbewußt Wörtermelodie wurde, muß für den Autor allerdings eher beunruhigend als beglückend gewesen sein. Er allein konnte es mit seinen bedrohlichen Phantasien nicht aushalten, von Anfang an, und machte sie also in einer wahren Sturzflut von Texten öffentlich. Phantasie ist ja nicht, wie ein Gerücht es will, eine fraglos positive Qualität. Etwas, was man in den Menschen nur stimulieren muß, und schon sieht alles besser aus. Für den, der mit ihr geschlagen ist, hat die Phantasie stets auch ihre schwarze Qualität, und jeder von Phantasie Überschwemmte versucht im Gegenteil, ihrer irgendwie Herr zu werden, und nicht ihr Opfer: sie in das helle Licht der Vernunft überzu-

führen. Das versuchte, auf seine Weise, auch Robert Walser. Indem er seine wilden Phantasiegebilde, diesen Mahlstrom, den andern zugänglich machte, wehrte er sich gegen den Wahnsinn. Solange die anderen seine hitzigen Dauer-Phantasien als »Kunst« anerkannten, konnte er sich vielleicht als »normal« begreifen. Das Schreiben war für Walser auch ein Versuch der Selbstheilung. Er scheiterte; und er scheiterte, weil er, unwissend, just das Heilmittel anzuwenden versuchte, das ihn immer tiefer in den Strudel riß. Den Krankheitserreger als Medizin einnahm. Er selbst sagte über seine Manie, seine Gedanken in millimetergroßer Schrift auf kleinste Zettelchen zu notieren: »So schien mir, ich würde gesund dabei.« Das Schreiben sollte ihn vor dem Verenden jeder Kommunikation bewahren, und das tat es dann eben nicht.

Wahnsinn oder nicht, Walsers Sachen sind jedenfalls gewiß am Rande angesiedelt, nicht in einer gesicherten Mitte. Hier spricht kein Souveräner. Anders als andere, die sich – auch sie in der Regel unfreiwillig – in jenen gefährlichen Gegenden aufhalten, blickt Walser nie, sozusagen nie, ins schwarze Loch. Nein, er wendet dem Gebiet des Wahnsinns, das unmittelbar hinter ihm beginnt – falls er nicht tatsächlich bereits mit beiden Füßen im schwarzen Bezirk steht und sogar das zu ignorieren imstande ist –, beständig den Rücken zu. Tut einfach so, als sei da nichts. Lacht. Macht Scherze. Grüßt wie alle andern. Winkt uns. Sein Blick ist auf die Normalität gerichtet, die er in der Ferne erkennt. Deshalb versuchen seine Stücke nicht chaotisch, sondern idyllisch, nicht wild, sondern höflich zu sein. Er ist der höflichste Autor der

Welt. Er führt nicht nur uns, sondern auch sich hinters Licht, aber der unwillkürliche Anteil an seinen Texten verrät ihn ständig. Kein anderer tritt beim Versuch, das normale Wort zu wählen, so blind und sicher daneben und spricht dann so, wie niemand sonst spricht. »Hölderlin«,sagte er, »hielt es für angezeigt, das heißt für taktvoll, im vierzigsten Lebensjahr seinen gesunden Menschenverstand zu verlieren.« Oh, er wußte über sich Bescheid. Eine der erschreckendsten Qualitäten von Literatur ist ja ihr beständiges Antizipieren, das oft unschuldsvoll klingende und auch tatsächlich unschuldsvolle Aussprechen von Schrecklichkeiten, die noch längst nicht eingetreten sind; die man, beim Lesen, für reine Spintisierereien hält; und einige Jahre später sind sie die wörtliche Wirklichkeit. Über seine eigene Zukunft sagte er gelassen, wie träumend, eine Ungeheuerlichkeit nach der andern. Schrieb einen Text mit dem Titel *Das letzte Prosastück*, neunzehn Jahre bevor er dann, in einem freiwillig-unfreiwilligen Entschluß, tatsächlich den letzten Text schrieb. Schrieb zum Beispiel, just zu der einzigen Lebenszeit, da er so etwas wie Erfolg hatte und für manche am Beginn einer hoffnungsleuchtenden literarischen Zukunft stand: »Vielleicht werde ich nie Äste und Zweige ausbreiten. Eines Tages wird von meinem Wesen und Beginnen irgendein Duft ausgehen, ich werde Blüte sein und ein wenig, wie zu meinem eigenen Vergnügen, duften, und dann werde ich den Kopf (...) neigen. Die Arme und Beine werden mir seltsam erschlaffen, der Geist, der Stolz, der Charakter, alles, alles wird brechen und welken, und ich werde tot sein, nicht wirklich tot, nur so auf

eine gewisse Art tot, und dann werde ich vielleicht sechzig Jahre so dahinleben und -sterben.«
Genau so war es dann. Seinen eigenen Tod hat er gleich mehrmals vorausgedichtet. »Derart also ging ich von den Menschen fort«, schrieb er zum Beispiel. »Es schneite, und durch das liebe dichte Schneien klangen die Abendglocken. (...) So süß, so weich flog es herab, das wirbelnde Gewimmel. Eine Schneeflocke fiel mir auf den Mund, als fliege mir ein Kuß zu. Hut und Mantel waren bald schneeweiß, wie alles, was herumlag und -ging. In all der Lautlosigkeit leuchteten Lichter. Es war mir, als könne es jetzt nur schöne Heimstätten und liebe Leute und allerlei frohen Mut und freundliche Reden und ein unsägliches Wohlsein auf der Welt geben. (...) Wie soll ich jetzt zu mir heimzugehen wagen, wo nichts Trauliches ist? Wer sich einschneien ließe und im Schnee begraben läge und sanft verendete ...«
Dies schrieb er in einer Skizze, die am Weihnachtstag spielt – sie heißt *Eine Weihnachtsgeschichte* –, und siebenunddreißig Jahre später, am Weihnachtstag 1956, brach er im wirbelnden Schnee zu einem Spaziergang auf. Man fand ihn im tiefen Schnee liegend, tot, friedlich, in Hut und Mantel, schneeweiß.
So sehr Robert Walser fast fiebernd daran festhielt, ein Dichter zu sein, und nur das, so sehr war das Dichten gerade das, was er auf keinen Fall wollte. Es ist die Tragik seines Lebens, daß das Schreiben für ihn weit weniger eine positive Möglichkeit der Selbstverwirklichung als ein beständiger Hinweis auf sein Scheitern bedeutete. Natürlich, vor allem als er jünger war, bedeutete Schreiben *auch*

»Erfolg«. Aber er hatte trotzdem auch zu Zeiten, da er Erfolge hatte – in der Berliner Zeit, wo ein hochkarätiger Insider-Kreis von Literaten ihn feierte –, allein schon deshalb das Gefühl, ein erfolgloser Schriftsteller zu sein, weil für ihn das Schreiben überhaupt eine Niederlage war. Es war für ihn ein Eingeständnis, mit dem »eigentlichen« Leben der starken Väter und tüchtigen Mütter nicht fertig geworden zu sein: die Anforderungen, die die Gesellschaft an ihn stellte, nicht erfüllt zu haben. Robert Walsers Dichtungen zielen auf »etwas ganz anderes«. Es war Walser unmöglich, sich pragmatisch in den Gegebenheiten der gesellschaftlichen Wirklichkeit einzurichten. In ihm lebte eine nicht zur Ruhe zu bringende Hoffnung, daß doch einmal alles anders werden könnte. Alles! Sein ganzes Leben, radikal, und das der ganzen Welt gleich mit! Er wollte kein gutes Prosastücklein schreiben, bzw. schon auch, aber was war das neben einer guten Wirklichkeit? Robert Walsers Sehnsüchte meinen »Freiheit«, aber nicht die kleinen Freiheiten der eidgenössischen Demokratie – die sowieso –, sondern die großen: die Zeit aufheben zu können, dem Tod entgehen zu können, *alles* zu können. Ein ganz anderes Leben zu haben, in Einigkeit und Herzlichkeit mit den in Wirklichkeit, in seiner Wirklichkeit wie hinter einer dicken Glasscheibe wandelnden Menschen, oder vielleicht auch andersherum, nämlich so: »Ich sollte eigentlich ganz allein auf der Welt sein«, sagt der Held eines seiner frühen Stücke von sich: »Und sonst kein anderes lebendes Wesen. Keine Sonne, keine Kultur, ich nackt auf einem hohen Stein, kein Sturm, nicht einmal eine Welle, kein Wasser, kein Wind, keine Straßen, keine Banken, kein Geld, keine

Zeit und kein Atem. Ich würde jedenfalls keine Angst mehr haben.«

Je älter Robert Walser wurde, desto mehr mußte er spüren, daß sich seine Utopie nicht verwirklichen würde. Seine Motive, die ihn immer wieder zum Schreiben gebracht hatten, erwiesen sich als Irrtum. Er hatte es ja immer schon gewußt. »Wahrscheinlich ist dies mein letztes Prosastück«, schrieb er in dem erwähnten Text, einem seiner vielen Versuche, das Leben dadurch zu verblüffen, daß er ihm die Wahrheit sagte, so daß er dann, das sprachlose verblüffte Leben stehenlassend, doch noch eine Weile lang das Gegenteil tun konnte. »Allerlei Erwägungen lassen mich glauben, es sei für mich Hirtenknaben höchste Zeit, mit Abfassen und Fortschicken von Prosastücken aufzuhören und von offenbar zu schwieriger Beschäftigung zurückzutreten. Mit Freuden will ich mich nach anderer Arbeit umschauen, damit ich mein Brot in Frieden essen kann. – Was tat ich zehn Jahre lang? Um diese Frage beantworten zu können, muß ich erstens seufzen, zweitens schluchzen und drittens ein neues Kapitel oder frischen Abschnitt beginnen.«

Und also beginnt er einen neuen Abschnitt, um sein Geständnis des Schluchzens und Seufzens ungeschehen zu machen, und fährt fort: »Zehn Jahre lang schrieb ich fortgesetzt kleine Prosastücke, die sich selten als nützlich erwiesen. Was habe ich dulden müssen! Hundertmal rief ich aus: ›Nie mehr wieder schreibe und sende ich‹, schrieb und sandte aber jeweilen schon am selben oder folgenden Tag neue Ware, derart, daß ich meine Handlungsweise heute kaum noch begreife.«

Er zog aus seinem Alles oder Nichts die Konsequenzen auf seine Weise: als er sah, daß das Alles sich nicht verwirklichen ließ, entschied er sich für das Nichts. Dazwischen schien es für ihn nichts zu geben. Jenen Kompromiß, den wir andern mit der Welt schließen – nämlich, daß da dann immerhin ein schönes Stück Literatur diese Welt bereichert hat, während sich die Welt umgekehrt vorbehält, so zu bleiben, wie sie ist –, diesen Kompromiß konnte Walser nie schließen. Aus dem brodelnden Walser, der auszog, die Welt zu erobern bzw. vorerst einmal Berlin, wurde mehr und mehr der unberührbare, kalte, starre, alte Walser, der peinlich genau die Alleewege der Anstalt wischte und einzig wütend wurde, wenn man ihm Privilegien einräumen wollte oder ihm nahelegte, doch wieder zu schreiben.
»Ich würde jedenfalls keine Angst mehr haben«: so sagte es, wir erinnern uns, einer seiner Helden. Tatsächlich muß der Motor für sein rastloses Schreiben eine gewaltige Angst gewesen sein. Der schreckliche Kern seines Wesens, den zu vermeiden er buchstäblich alles tat. Weil in ihm drin alles so unentwirrbar verwickelt war, geht es so wenig an, ihm heute, im nachhinein, plane und eindeutige »Absichten« unterzuschieben. Walser hatte überhaupt keine Absichten, wenn nicht die hier angedeuteten. Seine Arbeiten sind der Versuch, den manchmal einigermaßen fernen, manchmal bedrohlich nahen Furien für eine Weile zu entkommen, und sei es nur für die Zeitspanne des Schreibens. Robert Walser schrieb nicht von der heilen Welt, weil er glaubte, es gäbe sie, sondern weil er sich – in einer unheilen äußeren Welt lebend und mit einer unheilen inneren – nach ihr sehnte. Seine Idyllen sind so zitternd,

weil sie in einem gelebten, ihn schier zerreißenden Konflikt mit der Wirklichkeit stehen. Walser ist oft ironisch, aber seine Ironie ist todtraurig. Sie ist nicht die arrogante Ironie derer, die sich im Besitz der Wahrheit glauben. Sie hat nichts von jener Herrschaftsironie, die die Lektüre Thomas Manns oft so unerträglich macht: und tatsächlich war dieser für Walser so etwas wie das rote Tuch. Daß der Teufel immer wieder auf den größten Haufen scheißt und daß dieser in Kilchberg und nicht in Biel war, das erlebte Walser täglich am eigenen Leib, und natürlich kränkte es ihn. Walsers gebrochene Schreibweise, seine Ironie, ist nie ein Versuch, sich über den Leser zu erheben, sondern stets ein Hinweis auf seine eigene Beschädigung.

Gottfried Keller sei das Gesetz, sagte ich, und Robert Walser die Verweigerung. So geht das, wenn man sich so kluges Zeug ausdenkt. Kellers Gesetz wurde, bedenke ich's recht, nie so richtig angewendet – und ist Verweigerung nicht eine bewußte, zielgerichtete Aktivität? Robert Walser als einen politischen Autor zu empfinden fällt schwer, wenn ein politischer Autor einer ist, der realitätsgerecht versucht, innerhalb der Gesellschaft ein Mögliches zu ihrer Veränderung zu tun. Nein. Zu heftig war Walsers Kampf mit sich selbst, um strategisch einen nach außen gerichteten Kampf aufzunehmen, und sei es der der bewußten Verweigerung. Und doch. Kein anderer beharrte so hochfahrend auf angemessenen Honoraren (nicht, daß er sie bekam). Keiner durchschaute die Eitelkeiten des Kulturbetriebs scharfsichtiger als er. Keiner begriff genauer das Funktionieren der Klassengesellschaft und zu

welcher Klasse er gehörte und was ihm das für Chancen einräumte. »Meine Welt wurde von den Nazis zertrümmert«, schrieb er bei der sogenannten Machtergreifung 1933. Es ist nicht einfach, wenn nicht unmöglich, sich bei Walser für irgend etwas zu entscheiden. Er ist immer auch das Gegenteil. Unpolitisch *und* politisch. Naiv *und* bewußt. Klein *und* groß. Natürlich *und* künstlich. Immer scheint er gleichzeitig über alles und über nichts Bescheid zu wissen. Bei Robert Walser sind größter Jammer und höchstes Glück nicht mehr zu unterscheiden.
Bleibt das Wort zu Max Frisch. Er sei die Revolte, sagte ich. Ich meine damit, er hat von Anfang an darauf verzichtet, nach seinem »Volk« zu suchen, so wie Keller noch. Er hat sich von Anbeginn an mit seiner Klasse angelegt, mit dem Bürgertum, und dieses nimmt ihm das bis heute übel. Der ganze Zürichberg ist voll von guten Bürgern, die ihm nicht einmal ein Hundetellerchen auf die Terrasse ihrer Villa stellen würden. Ja, bei uns zu Hause nehmen wir ihn wohl anders wahr als ihr. Im Ausland ist er der Schriftsteller, der *Stiller* und *Montauk* geschrieben hat und *Andorra* und *Biedermann und die Brandstifter*. Für uns zu Hause hat er das zwar auch getan, aber er ist noch deutlicher so etwas wie eine Instanz, jener vielleicht erste Schriftsteller, der uns gelehrt hat, daß man sich einmischen kann und darf. Wir Schweizer waren da immer ein bißchen langsamer als die andern. Unsere eigene Geschichte, auch *wegen* Gottfried Keller, hat uns immer wieder zum Einverständnis mit der Demokratie, so wie sie jeweils war, gezwungen; auch dann noch, als diese längst eine Art Firma geworden war, in der es wenige Inhaber mit viel Geld und viele An-

gestellte ohne viel Geld gab. Seit Max Frisch versucht hat, sich aufzurichten – die frühen Jahre der Schweizer Demokratie weit weg –, gehen auch wir aufrecht, und wir gehen inzwischen durch manche Tür hindurch, die er gegen heftige Widerstände aufgedrückt hat. Sein Bild als Autor ist dann ein zweites. Er hat ja, anders als Dürrenmatt, sein vermeintlicher siamesischer Zwilling, einen Haufen literarischer Söhne gezeugt. Nizon, Bichsel, Muschg und andere. Ich, als ich zu schreiben anfing, fühlte mich regelrecht einsam in dieser verfrischten Schweiz, weil ich das Heu auf einer anderen Bühne hatte. Mußte mir meine literarischen Freunde im Ausland suchen und fand sie in Wien und Graz. – Noch Jürg Laederach, der ja eigentlich mich hat, macht es nicht anders. – Frischs literarischem Werk könnte ich heute noch stundenlang widersprechen. Dem *Stiller* zum Beispiel, diesen Szenen zweier Ehen. – Als ich nun aber, um nochmals ein bißchen in meinen Vorurteilen zu baden, wieder dieses und jenes von Frisch las (manches zum ersten Mal), war ich verblüfft, wie wenig es mit dem Bild zu tun hatte, das ich mir im Lauf der Jahre von ihm gemacht hatte. Die Subtexte drängten mit Macht nach oben. Die Oberfläche wurde undeutlich. Etwas Zitterndes, Zerbrechliches, Trostloses, Angstvolles, Panisches trat immer deutlicher hervor. Ein schwarzes Loch, dem es zu entkommen galt. Was war das? Der Schrecken, trotz allen Anstrengungen das falsche Leben zu leben? Zu erstarren bei lebendigem Leib? Scham? Jenes Ungenügen, das mit Frauen vielleicht weniger schrecklich als beim Schreiben ist? Die lebenslange Ungewißheit, überhaupt ein Schöpfer zu sein? Ich hatte das Gefühl, einen Ertrin-

kenden zu sehen, der von seinen panischen Schreibbewegungen stets gerade noch vor dem Vergurgeln bewahrt wird. Ja, vielleicht war Frisch immer schon der Frosch aus jener bekannten Geschichte, und nun erst, im Alter, wo er sich so lange abgestrampelt hat, ist die Milch, in die er vor Jahrzehnten gefallen ist, Butter geworden. Er hat nun etwas festeren Boden unter den Füßen.
Gesetz, Verweigerung, Revolte, sagte ich. Meine Tochter, die gern englisch mit mir spricht, würde sagen: *Forget it.* Tatsächlich, kaum hat man in der Literatur ein Ordnungsgesetz gefunden, das Sinn zu machen scheint, löst es sich in Luft auf: wenn man nämlich genauer in das einzelne Buch hineinschaut. Sofort taugt es nicht mehr als Spiegel der eigenen Vorurteile und erzählt *seine* Geschichte. Ein Revoltierender bleibt Frisch dann zwar, aber einer in Moll, viel gebrochener als erinnert, und ohne Siegerpose. Keine triumphale Gestalt. Gerade sein Schriftstellerleben, die ganze Nachkriegszeit abdeckend, ist ein Hinweis darauf, wie ohnmächtig wir alle sind. Er allen voran. Als er seine ersten Bücher schrieb, dachten andere Schöpferische gerade über die Spaltung des ersten Atoms nach. Heute, wo er seine letzten Bücher in Angriff nimmt, ist auch schon das Ende dessen abzusehen, was damals, in den Laboratorien kluger Physiker, begann. Die Zeit rast heftig, und wir müssen es aushalten, daß unsere Bücher hilflos sind.

6

Und schon war ich bei meiner fünften Vorlesung angelangt. Meine Damen und Herren, *sagte ich*, eigentlich wollte ich Ihnen heute meine Lieblingsautoren vorstellen, jene ganz besonderen Hausgötter, die man sich im Lauf des Lebens erwählt oder die einen wählen, wer weiß das denn so genau, jene besonderen Spiegel, die Goethe den ›schaffenden Spiegel‹ nennt, die paar geheimnisvollen Dichter, die imstande sind, mit völliger Klarsicht zu sagen, was man unformuliert in sich herumträgt. Sie liest man gern. Wenn sie noch leben, hofft man, daß sie gesund und in Topform sind, denn man liest ihre Bücher schneller, als sie sie schreiben. (Bei anderen Autoren ist das keineswegs so. Gabriele Wohmann zum Beispiel schreibt viel schneller, als ich sie lese. Das gilt auch für Botho Strauß, von Bodo Kirchhoff ganz zu schweigen.) Bei denen, die tot sind, ist man traurig, wenn man bei der letzten Zeile angekommen ist. Man weiß, das war's jetzt, und kann höchstens nochmals von vorn anfangen. Diese ganz eigenen Autoren – als hätten sie für *uns* geschrieben – sprechen direkt zu unseren Herzen, zu unserem Unbewußten, wenn Sie wollen, unter Umgehung des prüfenden Verstands, und also fragen wir uns auch nie, ob sie nun gute oder schlechte Autoren sind. Natürlich sind sie riesig gut, sonst würden wir sie nicht so begeistert lesen, und wenn andere sagen, sie seien es nicht, sollen sie. Wir wollen diese Objekte unserer privaten Begierde gar keinem öffentlichen Vergleich aussetzen. Sie gehen vorerst einmal *uns* etwas an. Entsprechend selten sind sie. Weihnachten ist öfter, wie in jenem alten Berner Witz.

Das *wollte* ich tun, von diesen besondern Autoren sprechen, das tat ich, an meiner Schreibmaschine, als ich mich für Sie vorbereitete, denn, nicht wahr, mein Ideal zu erfüllen, ganz frei und notizenlos vor Sie zu treten und aus der Riesenfülle meines Innenlebens freihändig vor Ihnen zu singen, das traue ich mich doch noch nicht. Wenn ich dann achtzig bin, dann. Ich schrieb also etwa fünfzehn Seiten, wie immer, wie in den ersten vier Vorlesungen schon, meinem Kompaß vertrauend, der sich von jeder noch so fernliegenden Assoziation ablenken läßt. Diesmal aber, ich weiß nicht recht, warum, war der Berg, der meine Nadel anzog, wirklich jener berüchtigte Magnetberg, und mein Schiffchen zerschellte an ihm. Das Potpourri war fad geworden, und ich tat's in meinen wichtigsten Mitarbeiter hinein, den Papierkorb. Dabei hatte ich über die wunderbarsten Autoren geschrieben, keinen einzigen deutschen übrigens, was Ihnen auch helfen sollte, den Ort, den die deutsche Literatur in der Welt einnimmt, halbwegs richtig einzuschätzen. Denn die deutsche Kultur hat herrliche Autoren hervorgebracht, wer müßte das eigens sagen, Büchner, Kleist und den unvergleichlichen Goethe: aber sie ist auch eine späte Kultur, eine marginale fast, wenn wir sie mit anderen vergleichen. Wir rannten noch in dichten Eichenwäldern hinter Bären drein, oder die Bären rannten hinter uns drein, als man im Burgund schon Lieder mit

sieben Kreuzen sang. In Italien erst. Bis zum Ende des 18. Jahrhunderts schauten die paar, die überhaupt schreiben konnten, völlig zu Recht äußerst aufmerksam nach Süden und Westen, denn dort konnten sie vieles lernen. Bis zum Augenblick, da Goethe auftauchte, hing die deutsche Literatur an den Lippen der französischen. So spät dran zu sein hat durchaus auch Vorteile, für uns heute nämlich. Tatsächlich ist die deutsche Literatur, und vor allem auch die deutsche Sprache, viel weniger fertig und endgültig als zum Beispiel die französische. Die deutsche Sprache ist ein wunderbar weiches Instrument, hierin in Reichweite der uns halbwegs anstrengungslos zugänglichen Sprachen nur vom Englischen übertroffen. Die Regeln sind noch nicht starr, und Herr Duden, der schon zu triumphieren glaubte, ist heute eher wieder auf dem Rückzug. Noch vor kurzem schrieben alle, wie sie wollten. Goethe schrieb sogar seinen Namen mal so mal so, mit ö, mit oe, ohne h, mit h. Es war egal, so wie es, hoffe ich, wieder egal sein wird.
Ich erzählte zum Beispiel von Kurt Vonnegut jr., einem meiner Hausgötter, wahrscheinlich, weil er ein gutes Beispiel dafür ist, daß ein Autor, der weder ein Shakespeare noch ein Goethe ist im Reichtum seiner Mittel, eben trotzdem genau der richtige sein kann und unter Umständen »richtiger« als selbst jene Großen. Zudem entdeckte ich Vonnegut hier in Graz, vor rund zwanzig Jahren. Bis heute halte ich die Szene, wo, im Roman *Breakfast for Champions*, der Autor mit dem von ihm erfundenen Science-fiction-Schriftsteller Kilgore Trout zusammentrifft, für eine Schlüsselszene meiner Lektüren. Sie sprechen zusam-

men, Kilgore Trout und Kurt Vonnegut, der von Kurt Vonnegut geschriebene Kurt Vonnegut, an der Bar eines Motels in Pittsburgh, glaube ich, und Kilgore Trout, der ja nur die Welt innerhalb des Romans *Breakfast for Champions* kennt und nicht über die Horizonte der Buchdeckel in Vonneguts und unsere Welt hinausschauen kann, versteht natürlich immer nur Bahnhof. Das wäre, wie wenn wir plötzlich durch das Himmelsblau hoch über uns sehen könnten und jene riesigen Wesen erblickten, weltallgroße Kinder, die entzückt in ihr Terrarium glotzen, auf unsere Erde. Logisch also, daß Kilgore Trout nicht versteht, daß er vor seinem Schöpfer steht. Kurt Vonnegut dagegen, in seinem Buch, gerät immer mehr in Fahrt – sichtlich auch der schreibende Kurt Vonnegut –, in einen eigentlichen Machtrausch, und verheißt Kilgore Trout sogar, er könne Papst werden, wenn er nur wolle, für ihn, Kurt Vonnegut, sei das ein Klacks, bis der arme Kilgore verzweifelt flieht vor diesem vermeintlichen Irren. – An einer anderen Stelle erzählt Vonnegut diese Kürzestgeschichte: »Zwei Hefe-Bakterien unterhalten sich, während sie Zucker verspeisen, über den Sinn des Lebens. Ihre begrenzte Intelligenz hindert sie daran, zu erkennen, daß sie, während sie debattieren, dabei sind, aus ihrer eigenen Scheiße Champagner herzustellen.«

Ich sprach dann auch von Kafka und jener Beschämung, die jeder, der auch schreibt, spürt, wenn er ihn liest, denn wer sonst kämpfte wie Kafka mit *jedem* Satz um sein Leben. Von Kafkas Intelligenz und jenem Tabu, davon zu sprechen, daß auch Autoren, nicht nur andere Menschen, verschieden klug sind. Es gibt sackdumme, normal gescheite und sehr intelligente Autoren. Kafka war einer. Natürlich macht Intelligenz einsam – wir Leser scheitern an Kafka, nicht er an uns –, und natürlich haben die Autoren am meisten Erfolg, deren Gehirn dem größten gemeinsamen Nenner der alphabetisierten Bevölkerung am nächsten kommt, denn sie werden von vielen verstanden, besonders und zuerst auch von den Berufslesern, die eigentlich immer das allgemeine Denken verkörpern und nicht ein einsames eigenes und es nicht mögen, wenn sie einem Autor nicht auf Anhieb auf die Schliche kommen. Am glücklichsten sind die Reich-Ranickis und Raddatze, wenn ein Autor grad ein bißchen weniger klug als sie ist und sie also das nur beinah geglückte Werk durch diesen oder jenen blitzgescheiten Hinweis zu einem Meisterwerk machen können. – Ich sprach dann von Gustave Flaubert, von seiner titanischen Anstrengung, so banal zu werden wie sein banales Jahrhundert. Ich sprach von Stendhal, von seiner schier unglaublichen Leidenschaft der Erfindung, einem Glühen des Herzens, das mir in der an Leidenschaften ja nicht armen Weltliteratur dennoch einzigartig vorkommt. Ich sprach von Rimbaud, von dem Henry Miller, der sich in dieser Frage auskannte, sagte, er habe das unglücklichste Leben geführt, das es auf Erden je gegeben habe, von seinem Verstummen und dem Neid, den die Konsequenz, mit der er dann alle Literatur ignorierte, in uns nachgeborenen Dichtern auslöst. Ich wollte auch noch von Flann O'Brien sprechen, von dem eine vermutlich von seinem Übersetzer Harry Rowohlt erfundene irische Volksweisheit sagt, er habe so geschrieben, wie Joyce geschrieben hätte, wenn dieser nicht verrückt gewesen wäre. Der Graf Potocki, der Schöpfer der *Handschrift von Saragossa*, sollte auch noch drankommen, und vielleicht noch der eine oder andere. Aber was ich mir da ausdachte, wurde immer mehr eine Art Supermarkt, ein zu großes, zu hastiges Angebot. Der Teufel steckt im Detail, aber auch die Engel tun das. Man kann nur genau schauen oder gar nicht, und darum beschränke ich mich in der Folge auf einen einzigen dieser Hausautoren: Vladimir Nabokov.

Bücher antworten bekanntlich nicht nur auf Wirklichkeit – dies dennoch in erster Linie –, sondern stets auch auf andere, ältere Bücher. Oft, meistens sogar, weiß nur der Autor selbst, daß er mit diesem oder jenem Halbsatz oder jener Wendung einem älteren Kollegen eine versteckte Antwort gibt, ihn korrigiert vielleicht oder ihm die Rose einer heimlichen Hommage vor die Füße legt. Zuweilen aber auch sind diese Gespräche von Buch zu Buch auch für die Leser deutlich. Nabokov hat sich schon früh in mehrere Bücher von mir hineingeschlichen, vielleicht auch, weil er selber ein besonders intensiver Antworter war. Das Echo vieler seiner Lieblinge findet sich bei ihm auf fast jeder Seite, Puschkin und Tolstoi allen voran, aber auch Proust oder Gogol oder Vergil oder Poe oder Mérimées *Carmen*, nicht aber Dostojewski oder Joseph Conrad, die er haßte.

Vladimir Nabokov war ja nicht von Anfang an dieses große Tier der Literatur, und vielleicht ist er es – neben so zähen Altmeistern wie Thomas Mann zum Beispiel – für viele immer noch nicht so ganz. Wir haben bis heute unser Mißtrauen nicht ganz verloren, aus vielfältigen Gründen, von denen einer gewiß ist, daß Nabokov Deutschland nie gemocht hat. Er konnte alles Deutsche nicht ausstehen, auch die neue Bundesrepublik dann nicht, und ich möchte nicht wissen, was er gesagt hätte, hätte er erlebt, daß und wie zusammenwächst, was für ihn wohl nicht zusammengehört hätte. Er, der Russe, hatte romanisch leuchtende Vorlieben und wurde endlich ein Amerikaner, dessen Liebe zur neuen Heimat mehr war als nur der Eifer des Konvertiten. Die Erkenntnis, tatsächlich im neuen Land etwas bekommen zu haben, was er in der alten Heimat wohl verpaßt hätte, und ich meine jetzt nicht die dreißig amerikanischen Kilos, die er sich dort drüben anfraß. Das persönlich entsetzlich schwer zu lebende Schicksal des auf Lebzeiten Exilierten hat ihn erst zu dem großen Schriftsteller gemacht, der er endlich wurde, und er wußte das. Schwer zu sagen, was aus ihm geworden wäre, wäre er in Rußland geblieben. Da war er mit dem Rolls-Royce in die Schule gefahren worden und hatte sich dessen ein bißchen geschämt. War bei Zarenpicknicks gewesen, und später verglich er mit einem durch eine Prise Ironie nur schlecht kaschierten Ernst seine Nase mit denen der Romanows, einen Familienroman offenbarend, der besagte, daß Oma Maria eine Affäre mit dem Zaren *himself* gehabt habe, deren Frucht Nabokovs Papa sei. Tatsächlich *kannte* Oma Maria den Zaren, und Nabokov hat immer wieder erzählt, daß *dessen* Kutsche zur Seite wich, und nicht die Marias, wenn sie sich begegneten. Maria hat jedenfalls ein seltsames Lebensschicksal gehabt, sie wurde als junges Mädchen gezwungen, den Geliebten ihrer Mutter zu heiraten, und rächte sich mit einer beachtlichen Latte von Liebhabern, unter denen der Zar wohl dennoch nicht war. Aber was weiß ein Fremder. Ich erzähle das auch, um Ihnen gleich zu Beginn zu zeigen, daß Nabokovs Themen, die er später in seinen Büchern als spinnig, um nicht zu sagen pathologisch darstellte, dem real existierenden Nabokov durchaus nahe waren. Omas Liebesschicksal ist ein umgekehrtes Lolita-Thema, und die Zarenvaterschaft ist Zembla *live.* Kinbote, der verrückte Held von *Pale Fire*, der sich für den König von Zembla hält, nur daß das niemand weiß, ist, wie gebrochen auch immer, auch ein Selbstporträt Nabokovs.

»Redefreiheit, Gedankenfreiheit, Kunstfreiheit«, das war das politische Credo Nabokovs, und er hatte bald heraus, daß die westlichen Demokratien sie ihm eher garantierten als seine alte Heimat, auch die vergangene zaristische natürlich. Dennoch ist verblüffend, mit welcher Entschiedenheit er das Exil als Chance begriff. Nie mehr verschwendete er einen Gedanken an die Möglichkeit einer Rückkehr. Nicht einen Augenblick lang nahm er der siegreichen Revolution übel, daß sie ihn in einen mittellosen Mann verwandelt hatte. Er sah nach vorn, im realen Leben, um schreibend um so ungehemmter nach rückwärts, in den reichen Schatz der Erinnerung, greifen zu können. Vielleicht ist eine ganze Kultur, die der russischen Emigration in Berlin und Paris, die doch immerhin Tageszeitungen, Verlage, eine Unmenge Bücher hervorgebracht hatte, spurlos verschwunden, tatsächlich spurlos, weil sie sich nur mit sich selber und ihrer Vergangenheit beschäftigte, während der eine Nabokov, der sofort energisch versuchte, aus der russischen Suppe herauszukommen, überlebt hat und immer heller leuchtet. Daß seine Entfernung vom Russischen durchaus ambivalent war, kann man daran sehen, daß er bei seinen beiden Emigrationsfluchten, 1919 aus der Krim, 1940 aus Frankreich, beide Male buchstäblich das letzte auslaufende Schiff erwischte. Sein Bruder schaffte das nicht, und er wurde dann in einem deutschen Konzentrationslager ermordet.

Wenn ein Romantiker einer ist, dessen Kinderglück, das Paradies, unwiederbringlich untergegangen ist und der sich dann lebenslang nach ihm sehnt, es schreibend beschwört, dann ist Nabokov der Romantiker *par excellence*. Seine Prosa, die doch auf den ersten Blick so unromantisch aussieht, weil durch Ironie vielfach gebrochen, hat stets den Charakter eines Zaubers, eine magische Erhitzung, ist regelrechte Beschwörungsliteratur, eine allerdings, die schreibend schon weiß, daß der Zauber real nicht funktionieren wird: immerhin aber auf der metaphorischen Ebene, der der Literatur. Die Wirklichkeit – ein Wort, das Nabokov sowieso nur in Anführungszeichen aussprach – wird dieselbe geblieben sein, die metaphorische Welt aber ist anders geworden, und mit ihr vielleicht die Innenwelt des verzauberten Lesers.

Nabokov gelingt dabei das, was das Problem aller ist, die sich schreibend der Hitze, der Trauer und dem Sog alter Ängste nähern, nämlich diesen gefährlichen *und* verführerischen Bereichen möglichst nahe zu kommen, bis an die Schmerzgrenze und über sie hinaus, ohne verschlungen zu werden. Wenn die Ängste überhandnehmen, wenn die Trauer überschwemmend wird (ich weiß, ich sagte es schon), hört das Schreiben auf. »Sich am Mastbaum festbinden«, nannte Goethe das, der sich darin auskannte, in jener just richtigen Distanz zwischen dem Überleben und dem möglichst genauen Wahrnehmen jener Insel, auf der die Sirenen singen. Das ist die Quadratur des Zirkels, die jeder neu lösen muß: wie in die Abgründe schauen, ohne hineinzustürzen. Wir sind nicht mehr Kleist, der in jubelndem Todesglück den endgültigen Schritt tat. Wir wollen nicht nur hitzeglühende Prosa schreiben, die aus dem furchtlosen Betrachten der im Dunkeln verborgenen Ungeheuer herrührt, wir wollen auch noch überleben. Nicht die geringste Überzeugungskraft Goethes liegt darin, daß er so alt geworden ist. Natürlich steht er nun besser da als Schiller, der das nicht geschafft hat, und daß er dessen Schädel auf dem Schreibtisch hatte, war nicht nur Pietät, sondern auch der unverhohlene Triumph des Überlebenden. Auch Nabokov mußte zeitlebens eine nicht aushaltbare Trauer aushalten, und es gelang ihm mit einer Prosa, die von erinnernder Sinnlichkeit nur so vibriert und die die Trauer behandelt, als gäbe es sie nicht. Oder so wie Schubert, der lächelnd mit einem Ländlerthema einsetzt, das den Schmerz *verbergen* soll, und diesen Schmerz dann doch nicht verbergen kann, weil er das Thema biegt und beugt, bis es alle Harmlosigkeit verloren hat.

Im Nachwort zur amerikanischen Ausgabe der *Lolita* schreibt Nabokov: »Meine private Tragödie, die niemanden etwas angehen kann, ja niemanden angehen sollte, besteht darin, daß ich mein natürliches Idiom aufgeben mußte, meine ungebundene, reiche und unendlich gefügige russische Sprache, um sie gegen eine Art zweitklassiges Englisch einzutauschen, welchem alle jene Requisiten abgehen – der Trickspiegel, der schwarzsamtene Hintergrund, die mitschwingenden Assoziationen und Traditionen –, deren sich der heimische Illusionist mit wehenden Frackschößen bedienen kann, um bei seinen Kunststücken das Erbe auf ganz eigene Weise zu transzendieren.«

So ist es. Und daß alles hienieden immer noch entsetzlicher ist, mußte Nabokov erfahren, als er neun Jahre später *Lolita* ins Russische übersetzte, in seine vermeintlich »unendlich gefügige« Muttersprache, und ernüchtert merkte, daß sein neuerworbenes Englisch vieles sagte, was ihm auf russisch zu sagen überhaupt nicht möglich war.

Aber Nabokovs Bücher sind dennoch mehr als die bloße Beschwörung des Vergangenen. Zwar beschreibt er in *Speak, Memory*, seiner Autobiographie, sehr anrührend, wie jeder Gegenstand, jeder Mensch, den er aus seiner Erinnerung in eine fiktive Geschichte hineinverpflanzt, in seinem realen Gedächtnis quasi stirbt, weil er sofort die neue, verwandelte Figur nicht mehr von der alten realen unterscheiden kann: aber seine eigentliche Qualität ist vielleicht etwas ganz anderes, seine einzigartige Fähigkeit nämlich, schreibend stets sofort ins Zentrum der Scham vorzustoßen, seiner und unserer. Ich habe Sie ja schon sanft auf dieses Thema vorbereitet, von dem, wenn ich das recht sehe, in der Literaturbetrachtung kaum je gesprochen wird, obwohl es nicht nur bei Nabokov wichtig ist. Unbewußte Scham vielleicht wiederum. Die Sexualität, die wir inzwischen als recht schamfrei erleben, war ja schon zu seiner Zeit kein wirkliches Scham-Thema mehr, oder nur noch für die allerdings übermächtige McCarthy-Clique, oder für Hollywood, und es ist ein bizarrer Hinweis auf das Unbewußte der Staatsorgane, gäbe es denn so etwas, daß sie bis heute ihre Zensurtätigkeit fast ausschließlich auf unsere wippenden Popos konzentrieren, wohl wissend vermutlich, daß wir uns ihrer überhaupt nicht schämen, im Gegenteil. Nabokov, der dank *Lolita* den Ruf eines Pornographen hat, ist denn auch kilometerweit von einem solchen entfernt – ja, es gibt kaum sogenannte Stellen –, seine Themen sind die Themen wirklicher Scham, dessen, was wir öffentlich nicht sagen und auch uns selber kaum je zugeben. Homosexualität, Perversion, Inzest, Lüge, Verrat, Wahnsinn, Dummheit, Mord, Selbstmord, der Tod, der Tod, der Tod, und die Bewältigung einer wahrhaft existentiellen Einsamkeit. *Diese* Geständnisse zu machen – und auch der geständniskeusche Nabokov *muß* sie machen, um überleben zu können, um nicht unter dem Druck des geheimen Schreckens zu implodieren –, braucht Nabokov einen Filter. Er entwickelt, immer virtuoser, Methoden, zwischen sich und den Leser Distanz zu legen, just eben keine Nähe. Diese Distanz – auch auf sie habe ich Sie schon vorbereitet – macht es erst möglich, daß er seine wahrhaft verrückten Geschichten erzählen kann. Er hält sich den Leser just so weit vom Leib, daß er sich nicht vor ihm schämen muß.

Ich habe vor etwa einem Jahr in der Zeitschrift *Schreibheft* einen Aufsatz veröffentlicht, dessen Titel ›Über das Arschlochtum einiger Helden Vladimir Nabokovs‹ lautet. Der Titel mag wie ein Gag klingen, wie ein unnötiger zudem vielleicht, aber jene Figur des *asshole,* den man ja auch einen modernen Narren nennen mag, ist *eine* von Nabokovs Techniken, jene zusätzliche Distanz zu schaffen, und eine seiner erfolgreichsten dazu. Es fällt ja tatsächlich auf, daß Nabokovs Romane immer wieder von Helden bevölkert sind, die sich seltsam gleichen. Ältlich werdende, tölpelige akademische Herren, stets latent und oft manifest beleidigt, weil das Leben mit ihnen Fußball spielt und nicht sie mit ihm. Sie sind neidisch und gierig, sie kommen nicht draus und projizieren ihr Bild der Wirklichkeit mit einer Kraft in die fühllose wirkliche Welt hinein, die komisch sein könnte, wäre sie nicht so tragisch, denn diese Wirklichkeit kümmert sich nicht im geringsten um ihre wilden Projektionsanstrengungen. So gehen wir mit jenen Helden sozusagen quer zur wirklichen Welt, auf irren Pfaden, die Heerstraße der Normalität nur zuweilen und zufällig kreuzend, unser Leben sozusagen. Pnin, Kinbote, Humbert Humbert, der Held von *Lolita,* sind methodische Brüder, und besonders das *asshole* als Ich-Held ist für Nabokovs Geständnis-Bedürfnis ergiebig. Er hatte offenkundig ja auch eine riesige Freude an seiner Erfindung, denn sie öffnete einer produktiven Subjektivität Tür und Tor, erlaubte ihm einen Kinderblick mit den Augen eines Erwachsenen, eine Naivität zweiten Grades. Das Sicherste kann nun ungewiß werden, und das Irrste zur Wahrheit. Das ist die Modernität Nabokovs, daß er sich – wie alle Großen der sogenannten Moderne – die Frage, wer denn die Geschichte erzähle und mit welcher Kompetenz, immer erneut stellte und stets erneut nach Methoden suchte, die eine radikale Reduzierung des Blickwinkels erlaubten. *La marquise sortait à cinq heures:* Valéry erkannte zwar, daß die Gott-Perspektive im Erzählen, das Alleswissen, methodisch leergequetscht war, unfruchtbar geworden; aber eine neue Methode, die dem abhalf, war ihm verwehrt. Und gewiß strauchelte Thomas Mann, mein rotes Tuch vom Zürichsee, über seine unausrottbaren Reste von Besserwissenwollen. *Sie* machen ihn, bei aller Virtuosität, so hoffnungslos altmodisch. Der moderne Autor »weiß« nicht. Ja, das einzige, was ihn von seinem ebenso ahnungslosen Leser unterscheidet, ist, daß er aus dem diffusen Chaos, Wirklichkeit geheißen, ein strukturiertes Buch machen kann. Er ist auch darum der Stellvertreter des Lesers, dessen Geschichte er ebenso schreibt wie die seine. – Im übrigen konnte Nabokov Thomas Mann auch nicht ausstehen, bezeichnenderweise.

Übrigens gleicht die Methode eines anderen, von dem wir in der letzten Stunde gesprochen haben und der ihm auf den ersten Blick sehr wenig ähnlich sieht, jener Nabokovs erstaunlich. Robert Walsers Kinderblick hat ganz ähnliche Ziele. Auch eine Kinderstimme, ähnlich der eines Irren oder Deppen, kann jene Geständnisse machen, die dem Erwachsenen unmöglich sind.

Nabokov *liebte* im übrigen seine Helden, seine traurigen, unfähigen und auch handfest perversen Narren, mit der Liebe des Schöpfers, die einmal mehr und besonders deutlich daran erinnert, daß *jede* Literatur mit glühender Liebe zu tun hat, mit oft enttäuschter Liebe natürlich. Und natürlich liebt Nabokov den manifest wahnsinnigen Kinbote mehr als Shade, den Normalen, dem er eine Reihe eigener Züge zuweist, etwa das Schreiben seines Gedichts auf Kanzleikarten. Die Normalität sprüht keine Funken. Es wäre ja auch ein *Pale Fire* aus der Optik Shades denkbar gewesen, eine *Lolita*, die – von ihrem frühen Tod einmal abgesehen – von Charlotte Haze erzählt würde, oder gar von der armen Dolores Schiller selber. Aber wir würden diese Bücher vermutlich weniger begeistert lesen. Wir *wollen* sie aus der Perspektive der entsetzlich peinlichen Helden Nabokovs erfahren, wohl auch, weil deren Arschlochtum jener Teil von uns selber ist, auf den wir nicht am stolzesten sind. Nabokovs Bücher sind Spiegel, aus denen wir selber herausschauen. Ich glaube, daß diese Spiegel-Funktion das ist, was die so seltsam heterogene Nabokov-Gemeinde einigt. Jeder erkennt auf seine Weise das Arschloch in sich, und es sind gewiß nicht die schlechtesten Leser, die dazu imstande sind.

Ich will der Frage, die vorhin schon wie ein Engel oder Dämon durch den Raum schwebte und ihn gottseidank nochmals verlassen hat, nämlich, wie weit diese oberpeinlichen Helden etwas mit dem wirklichen Nabokov zu tun haben, nun doch nicht ausweichen. Die Standard-Antworten sind bekannt. Jeder Autor weist jeden Zusammenhang mit den schwärzesten seiner Figuren stets von sich, und auch Nabokov hat stets jeden Bezug verneint. Er hatte ja auch recht. Natürlich *war* Nabokov keiner seiner Helden. Kafka war auch kein Käfer, und Grass nie eine Flunder. Ja, gerade Nabokovs Literatur ist das Gegenteil einer Bekenntnisliteratur im Maßstab 1:1. Also das nun wirklich nicht. Für jene entsetzliche Betroffenheitsliteratur, gegen die ich in der ersten Stunde schon kurz polemisierte und die in den letzten Jahren bei uns so sehr wucherte, daß ihr süßes Gift noch in manche Schriften begabtester Geister sickerte, hätte Nabokov nur ein Hohnlachen übrig gehabt. Er wußte, daß das Bekenntnis »Mir geht es heute gar nicht gut, und ich sage euch nun, warum« mit Literatur nichts zu tun hat. Es eignet sich vielleicht dafür, eine Sammelbüchse für arme schreibende Menschen herumgehen zu lassen, in die dann jeder aus Mitleid ein bißchen was reintut. Die Klärung des eigenen Jammers gehört für jeden Schriftsteller, der diesen Namen verdient (und im übrigen mit jedem Buch neu verdienen muß), zu den Arbeiten, die außerhalb des Buchs geleistet werden müssen, in seinem Vorfeld, unsichtbar später. Es ist im übrigen, Nabokov wußte das, schwerer und spannender, *nicht* von sich zu sprechen, sondern kompetent von etwas Drittem. Dennoch aber schreibt natürlich auch Nabokov aus seiner eigenen Erfahrung und nur aus ihr. Was denn sonst!? Jedes einzelne Wort ist durch eine nur dem Autor bewußte Nabelschnur mit einer wirklichen Erfahrung verbunden, das Ganze aber die reine Fiktion. Hunderttausend Mosaiksteine aus dem Steinbruch der Wirklichkeit, der Erinnerung, zusammengesetzt zu etwas, was eine neue Realität ist, die erfundene Wahrheit, die oft wahrer ist als die wirkliche. Aber Nabokov, wie auch immer verkleidet, *macht* uns ja Geständnisse. Und mit all den eben formulierten Vorbehalten dürfen wir doch auch annehmen, daß er kein triumphales Bild von sich selber hatte. Er sah sich selber als *asshole,* als eine Art Monster, und sein Triumph ist, daß er aus diesem schmerzenden, abwertenden, furchtbaren Grundgefühl Bücher gemacht hat, die seiner selbstquälerischen Eigendiagnose so sehr widersprechen, daß er diesen Widerspruch mit der Zeit annehmen konnte. Man könnte Nabokovs schriftstellerischen Weg auch als einen beschreiben, der aus engen Räumen ins Freie führt. In den frühen Werken, den russisch geschriebenen *grosso modo,* herrscht ein Klima heftigster Paranoia, der Feind immer unsichtbar hinter dir, das sich nur langsam in so etwas wie Freiheit verwandelt, in die Beherrschung der alten diffusen Ängste. *Ada,* jenes späte Zauberwerk, befreit ja sogar die Liebe – die Sexualität, um genau zu sein – von den Qualen diffuser Perversionen, das Lieben hat nun endlich etwas Befreites, wenn es auch oder obwohl es oder vermutlich weil es in die Erinnerung verlegt ist, in ein nun wirklich verklärtes und freies fiktives Rußland, das nicht so genannt wird, erinnert aus dem höchsten Alter, so daß, wenn Ada und Van, die mit ihren neunzig Jahren längst zu unfreiwilliger Keuschheit verurteilt sind, von damals reden, Liebe und Rußland dasselbe werden. Sexualität und Rußland – geglückte Sexualität scheint nun überhaupt nur in Rußland möglich gewesen zu sein, *mit* Rußland, der ewigen Geliebten. Ganz nebenbei macht uns Nabokov auch vor, wie man in Büchern von der Liebe spricht, was doch keinem von uns so recht gelingen will, zum einen, weil die real existierende Sexualität wortlos ist, wörterlos, zum andern, weil unsere Sprache sowieso nur vier, fünf Wörter bereit hält, die wir alle kennen, aber nicht gerne aussprechen, zu Recht, weil das Handeln so viel reicher ist als die armseligen Begriffe, die es bezeichnen sollen. Die Unschuld des Alters aber, das demonstriert Nabokov, darf plötzlich aussprechen, was der und die Handelnde nicht dürfen. Es ist nicht mehr peinlich, es ist anrührend.

Eigentlich ist Ada die einzige Frau in Nabokovs Werk, die sich tief einprägt. Lolita, Lolita ist keine Frau, sie wird es kaum, stirbt. Frauen bleiben seltsam fremdartige Wesen in Nabokovs Büchern, und wenn ich nicht das lebende

Gegenbeispiel zu Hause am eigenen Tisch und Herd hätte, meine Frau nämlich, wagte ich die Behauptung, Nabokov sei ein Männer-Schriftsteller. Wer weiß, vielleicht kriegte auch Nabokov bzw. seine Mama eine Fußnote in jenem Aufsatz über die schrecklichen Mütter, von dem ich sprach. Es ist jedenfalls auffallend, mit welch unduldsamer Insistenz Nabokov darauf beharrte, eine glückliche Jugend verbracht zu haben. Auch und gerade seine Erinnerungen, *Speak, Memory* allen voran, sind ja Geschichten, und wie anrührende, deren Ziel alles andere als eine Selbstanalyse ist. Im Gegenteil, Nabokov will in ihnen nicht *wissen,* er schreibt in ihnen wohl, mit seinem autobiographischen Material, den fiktivsten aller seiner Romane. Eine wohltuende ferne Morgensonne glänzt über dem Buch, und wie jede frühe Sonne steht auch diese tief über dem Horizont und taucht nicht nur alles Geschehen in ein warmes Licht, sondern blendet den Betrachter auch. Hinter dem diffusen Schleier des Gegenlichts bleibt denn wohl auch vieles verborgen. Aber der manifeste Text läßt dennoch eine Einsamkeit ahnen, deren Keime im späteren Exil schmerzhaft aufblühten. Eine Kindereinsamkeit. Vielleicht hat Nabokovs Liebe zu Prousts Riesenbuch auch etwas mit der fernen Mama zu tun, von der Proust, anders als später Nabokov, so schmerzlich genau spricht.
So daß wir nun also bei *Lolita* wären, dem Buch der Einsamkeit. Ich hatte *Lolita* damals gelesen, vor dreißig Jahren also, und ich versuchte mich nun zu erinnern. Nichts, kaum noch etwas. Alles Intime war mir gänzlich entfallen, ich wußte allein noch die Tatsache, daß. Eine einzige Stelle erinnerte ich mit fotografischer Genauigkeit (ich habe sie

sogar einmal in einem meiner Bücher gebraucht, auch bei einer Flucht über die Autobahn), wo nämlich Humbert im Bett eines Motels liegt, und neben ihm liegt Lolita und wird vom grünen Licht einer blinkenden Leuchtreklame beleuchtet, grün, dunkel, grün, dunkel, und ich las und las und fand die Stelle ganz am Schluß des Buchs, da wo Lolita längst weg ist, und das grüne Licht beleuchtete ein leeres Bett. Das Gedächtnis ist ein seltsam Ding, seltsam auch deshalb, weil diese als einzige so präzise erinnerte Episode im Kontext des Romans durchaus unwichtig ist, eines jener von Nabokov so sehr geliebten Details, die wiederum etwas mit der Liebe des Schöpfers zur Welt zu tun haben, die mit sinnlicher Genauigkeit gesehen werden will und die stirbt, wenn man sich ihr mit Ideen und Begriffen nähert. Es gibt keine einzige Idee in Nabokovs Werk, keine begriffliche Definition, dafür hunderttausend Details, die sich zu einer großen, sinnlichen Welt addieren, deren Idee so klar ist wie die der wirklichen Welt, nämlich äußerst unklar.

So ist denn *Lolita* auch kein Buch über Nympholepsie, die sinnliche Hingezogenheit eines älteren Manns zu einem kleinen Mädchen, oder nur auch und an der Oberfläche, sondern vor allem die Geschichte einer unendlichen Einsamkeit. Keine hundert Jahre, aber die fünf Jahre Einsamkeit, die Humbert Humbert und Lolita aneinanderketten, reichen auch schon. Kaum aushaltbar. Kaum aushaltbar ist das Buch aber, weil Nabokov mit intuitiver Genialität dem Leser immer wieder verbietet, sich mit ihm zu identifizieren, das Buch sozusagen mitzuschreiben und damit natürlich auch unter dem Schutz des Autors zu stehen. Nichts da, im Gegenteil, Nabokov übt einen regelrechten Terror auf den Leser aus und hindert ihn mit tausendundeins Tricks daran, das Gelesene zu interpretieren. Der Leser soll in einer begriffslosen Welt bleiben und, statt zu verstehen, *leiden.* Darum unterbricht er immer wieder das Spiel des freien Assoziierens, das sich gewöhnlich beim Lesen eines Romans einstellt (wenn es auch diffus bleibt und nicht auf den Begriff gebracht werden muß), er zerstört das begleitende Denken des Lesers geradezu, und der steht immer erneut blöd da, ohne Begriff. Ohne Idee, mit dem unerklärten Schmerz Humberts und Lolitas und sogar, ja, Charlotte Hazes, deren Ermordung durch Humbert – nun, juristisch ist er fein raus, es ist ein Mord durch die Magie des Wunsches – auch uns trifft, als seien *wir* die arme Frau. Das heißt, es gelingt Nabokov, den Riß, den er in sich erfahren hat – durch den traumatischen Verlust – ständig fühlbar zu belassen. Genau dagegen, weil das eigentlich nicht zu ertragen ist, wehren wir uns lesend ja, und zwar, indem wir interpretieren und ständig verstehen wollen, ununterbrochen zu uns selber sagen, das sei ja »pervers« oder »amoralisch« oder »verrückt« oder was für Begriffe wir gerade zur Hand haben und die wir in unserer Not auch bitter benötigen. Begriffe beruhigen, sogar wenn sie nicht stimmen. Nur, Nabokov, der unsere Fluchtbewegungen antizipiert, ist meist schneller, er ist der Swinegel und wir sind die gehetzten Hasen, und er überlistet uns mit seiner eben in der Tat unerwarteten und vielleicht tatsächlich perverseren Phantasie. Nabokovs Botschaft ist vielleicht gerade die, daß die Ordnung nicht wiederherstellbar ist,

das heißt, daß der Verlust nicht zu verarbeiten war, oder nur in dieser Form, in der Lolita als eine fleischgewordene Metapher für den Verlust erscheint.
Wem fiele in diesem Zusammenhang nicht jene Arroganz Nabokovs ein, mit der er jeden, der ihm nahe, zu nahe kam, abwehrte, jene Hybris, die ihn über alle Interpretationen erhaben erscheinen ließ. Aber vielleicht war er gar nicht arrogant, vielleicht hatte er nur die Erfahrung gemacht, daß das, was er sagte, seine Zuhörer doch kaum je erreichte. Vielleicht – nun, sicher doch wohl – war jene Hybris auch ein Panzer über einem wunden Herzen. Auch Nabokov mußte erfahren, daß es auch dem Mutigsten nicht immer gelingt, sich den Regeln des Menschseins zu entziehen. Jener einen Regel, daß eine Verwundung wirklich wund macht.
Ähnlich wie Lolita von Humbert quer durch Amerika geschubst wird, so taumelt der Leser, seiner eigenen Phantasie beraubt, durch den Roman. Meine Frau erzählte mir, und sie meinte Lolita, den Mythos von Apoll, der hinter Daphne dreinrennt: und bis heute rätseln wir, ob der Blütenbusch, in den sie sich in ihrer Verzweiflung verwandelte, weiße oder rote Blüten trug. Es kommt schon drauf an, für die junge Frau, und für Apoll eigentlich auch. Lolita ist eine Daphne, zwölf Jahre alt, als sie Humbert begegnet, die für die Phantasien, die ihre Entwicklung zur Frau begleiten, viel Raum bräuchte. Statt dessen drängt ihr Humbert seine konkreten Begierden auf, verwundet ihren Phantasieraum ständig durch konkrete Handlungen. Das ist sein perverser Triumph, ein grauenvoll schrecklicher. So daß sich der Roman in dem Augenblick verwandelt, da

Lolita die Flucht gelingt. Da wird er eine Art Kriminalstory, und wenn Humbert, der als allerletzter, noch *nach* uns Lesern, herauskriegt, wer Lolitas Liebhaber und Entführer ist, diesen findet und umbringt, ist dieser Mord tatsächlich etwas vom Befreiendsten und Komischsten im ganzen Buch. Ein so schöner Tod, voll daneben und genau richtig. Seine stimmige Komik verdeckt beinah, daß *alle,* die an dieser Vierecksgeschichte mitgewirkt haben, am Schluß tot sind, Humbert Humbert, seine arme Ehefrau Charlotte, und auch Lolita selber. Ja sogar der unselige Junge vom Camp, der Humbert zuvorgekommen war und ihm nicht einmal den armseligen Triumph der ersten Nacht gelassen hatte, ist inzwischen in Korea gefallen. Alle tot. Und natürlich notwendigerweise, denn ein Kunstwerk *muß* mit Toten enden, weil es eine Metapher für das Leben ist, von dem wir nie vergessen, daß es auf den Tod zugeht. Die Toten in den Kunstwerken sind unsere Stellvertreter, die, die an unserer Statt umkommen und *uns* nochmals am Leben lassen. Ein Buch, ein Theaterstück, eine Oper, in denen die Helden überleben, beunruhigen uns. Die Pariser Oper, falls es nicht die Wiener war, brannte nach einer Aufführung der *Entführung aus dem Serail* nieder, viele Tote, nach einem Stück bezeichnenderweise, in dem durch Mozarts und des Bassa Güte alle überleben.

Mord und Totschlag sind in der Literatur die Regel, nicht die Ausnahme, und wir Leser nehmen sie eigentlich stets mit Wonne hin. Aber Nabokov gelingt schreibend der fast unglaubliche Kunstgriff, Übergriffe auch auf den Leser auszuüben. Hat Nabokov mit *Lolita* nicht eine Bewältigung seines Traumas versucht, indem er uns Leser die wütende Hilflosigkeit spüren läßt, die er erfahren haben muß, als ihm der Übergriff der Emigration jede freie Gestaltung seiner Zukunft raubte? Von einer Stunde zur andern war er damals von dem, der mit seinem Lebensball zu spielen glaubte, zum Spielball des Schicksals geworden.

Flaubert hat bekanntlich von seiner Madame Bovary gesagt: »Madame Bovary, c'est moi.« Wir verstehen, was er meint. Das gleiche hätte Nabokov von seiner Lolita sagen können, von Lolita, und nicht von Humbert Humbert. Nabokov ist Lolita. Humbert aber ist das Schicksal, jenes unbegreifliche Schicksal, das wie ein unerklärlicher Orkan über ihn herabtoste und ihn beutelte, bis er über und über verwundet war. Wie Lolita.

Wir sind nun unversehens in einer halbwegs psychoanalytischen Deutung gelandet, o weh, und weil nun alles schon verloren ist, will ich zum Schluß doch noch auf das auffallendste der Nabokovschen Urteile oder Vorurteile hinweisen: auf seine wilde Ablehnung Freuds. Er konnte ihn nicht ausstehen, seine Lehre, die er weder genau kannte noch wirklich verstand, und er war ihm ein Thema, das ihn mit der Sicherheit einer Pawlowschen Reaktion auf 100 brachte. Wenn er den Namen Freud hörte, verließ ihn jede rationale Argumentation auf der Stelle. Ich will da nun nicht meinerseits herumpsychologisieren, das Offenkundige ist offenkundig, und das Geheime wissen wir nicht. Immerhin ist das Ganze ja nicht ohne Ironie. Denn was die Zeitgenossen an Freud erschreckte, war ja wohl tatsächlich jene Entdeckung der frühkindlichen Sexualität – ähnlich

wie Nabokov seine Zeitgenossen dann irritierte, weil er von der Sexualität einer Zwölfjährigen sprach.
In Nabokovs Generation war eine durchaus auch auf Rivalität beruhende Abwehr Freuds ja nichts Ungewöhnliches. Von den drei großen Kränkungen der Menschheit – der des Kopernikus nämlich, daß die Erde nicht der Mittelpunkt des Universums sei, der Darwins dann, daß der Mensch nicht die Krönung der Schöpfung, sondern ein Affe wie alle andern sei – haben die Dichter die dritte am schwersten akzeptiert, eben die, die Freud uns zugefügt hat und die darin besteht, daß er uns zeigt, daß wir nicht einmal Herr unserer selber sind. Wir bestimmen nicht unser Leben, sondern wir werden bestimmt, weitgehend. Nun, wenn das die Dichter nicht *kränkt,* dann ist es mindestens ihr Spezialgebiet seit Sophokles, und sie mögen es nicht, wenn ein Laie darin herumwildert. Auch Elias Canetti hat ja mit seinem seltsam einzelgängerischen Werk *Masse und Macht* sich Freud rivalisierend entgegengestellt, ohne ihn übrigens ein einziges Mal zu erwähnen. Sogar André Breton sah sich als ein potenter Rivale, er wohl am ahnungslosesten von allen.
Heute, wo schon meine Tochter, die das Alter Lolitas hat, zu ihrer Mama sagt, Mama, jetzt tu nicht so historisch, heute hat die Psychoanalyse diese Art von Schrecken verloren. Wir kennen ihre Vorzüge und ihre Grenzen, und die Dichter wissen, daß sie ihnen dienen mag, sich selber zu erkennen, daß ihre Bücher aber weiterhin in jenen unauslotbaren Bereichen zu Hause sind, für die die Begriffe fehlen. Das Lesen eher, weniger das Schreiben, mag von jener Art des Denkens profitieren, die auf das achtet, was nicht

gesagt wird oder nur versteckt oder verbogen und halbwegs, und die man das dritte Ohr nennen mag. Denn jede Literatur – die wichtigsten Sachen, die mir wichtigsten, sage ich mehrmals – hat unter ihrem manifesten Text jene unter der Oberfläche mitlaufende zweite Story, die man die eigentliche nennen mag und die man sich selber deuten muß und für die uns Vladimir Nabokov so großartige Beispiele gegeben hat.

7

Dies ist die letzte meiner sechs Vorlesungsstunden, und ich betrete nun also zum letzten Mal die Vorratskammer meiner Bildung, und tatsächlich ist sie ziemlich leer geworden, und ich muß meinen Besen nehmen und, wie die armen Bauern nach einem harten Winter, die Futterreste zusammenkehren und schauen, ob das nochmals ein schöner Haufen wird, von dem wir alle satt werden. Immerhin habe ich zum Beispiel nie gesagt, daß ich mich besonders freue, daß ich just von der Uni Graz eingeladen worden bin, über Poesie zu sprechen – es gibt ja entsprechende Lehrstühle auch in Frankfurt oder in München –, weil hier, in Graz, für mich vor Jahren, vielen Jahren, eine Art Traum in Erfüllung gegangen ist, dessen Bedeutung ich erst heute verstehe, wo er mehr oder weniger ausgeträumt ist. Ich hole ein bißchen aus. Als ich ein Kind war, ein kleines Kind, schenkte mir meine Mama einen Zwerg, einen Zwerg aus Gummi, der ein gut daumengroßes Abbild jener Walt-Disney-Zwerge war, die die Gebrüder Grimm längst aus den Kinderseelen verdrängt haben. Auch für mich ist *Schneewittchen* von Walt Disney. Ich weiß nicht, ob meine Mutter wußte, daß *Schneewittchen* mein Märchen schlechthin war, die Metapher meiner kurzen Lebensgeschichte, eher nicht, denn dann hätte sie auch ihre Rolle darin verstanden, ich war Schneewittchen, und sie war die böse

Königin, die spätere Hexe, die noch später von Schneewittchen Ermordete, und der Vater, der im Märchen der Jäger heißt, führte mich in den Wald und rief, lauf, renn, das ist alles, was ich für dich tun kann, ich bin ein machtloser König, die Königin, deine Mutter, ist viel viel mächtiger. Nun, da rannte ich eben, über alle sieben Berge, schluchzend und einsam, und fand das Haus der Zwerge, und nun verwandelte sich mein Konzept – Kinder haben mit solchen Widersprüchen keine Mühe –, im Zwergenhaus war ich sofort nicht mehr Schneewittchen, sondern Zwerg unter Zwergen – ich war der kleinste, der ohne Bart –, zum erstenmal glücklich, zum erstenmal mit meinesgleichen, zum erstenmal in einer solidarischen Brüderbande, und wir gingen zusammen ins Bergwerk und suchten nach Diamanten und machten uns heimlich über das große schöne Schneewittchen lustig, das wir natürlich auch liebten, aber wie man das konkret macht, das Lieben, wußten wir noch nicht, wir waren ja Zwerge, sechshundert oder doch eher sechs Jahre alt, und als dann der Prinz kam und sie küßte und noch viel mehr, und Schneewittchen das alles mit sich geschehen ließ, ja, nicht nur geschehen, hingerissen war und ihm entgegenschmolz, da ahnten wir, daß das Leben der Nichtzwerge noch andere Erregungen bereit hielt als das Gehen in Einerkolonne durch den Zwergenwald, aber wir nahmen dann doch auch ohne allzu großen Schmerz Abschied von diesem Menschenkind und blieben ganz gern in unserm Wald. Blieben gern Zwerge. – Schneewittchen war erwachsen geworden, weil es mit dem Prinzen schlief – so dachte es –, mehr noch aber, weil Vater und Mutter nun tot waren. Wirklich erwachsen, zur Autonomie verpflichtet durch die Tatsachen des Lebens, ist man tatsächlich erst, wenn die von der älteren Generation, die Eltern eben, tot sind. – Als ich dann groß war, wenn auch noch keineswegs erwachsen, und *wußte,* was der Prinz und Schneewittchen zusammen getan hatten, als mir das durchaus auch gefiel, blieb dennoch meine Sehnsucht nach Brüdern. Früh irritierte mich die Vereinzelung der Künstler, die heute eher noch vereinzelter geworden sind, und ich begann mich nach Gruppen umzusehen. Wandte also zum Beispiel meine Aufmerksamkeit den Surrealisten nicht nur zu, weil mir deren Konzepte zusagten – das kam noch hinzu –, sondern weil sie eine Gruppe waren. Meine frühere Polemik gegen André Breton hing auch damit zusammen, daß er sich als Gruppen-König etablieren wollte und auch etablierte, und daß ich keine Führer wollte. Da war ich ja nicht der einzige, auch damals ließen sich Gruppenmitglieder wie Dali oder Raymond Queneau seine Herrschaftsansprüche nicht bieten. Dali ist dann der geworden, den wir kennen, jene monströse Mischung aus Genie und Kitsch, und dabei ist vergessen worden, daß er einmal ein interessanter Schriftsteller gewesen war. Und der von der Gruppe ein bißchen als Laufbursche behandelte Queneau ist heute der, der vermutlich, neben Eluard, übrigbleibt. Solche Geschichten, jene Mischung aus Solidarität und Tellerwäscherkarriere, taten meiner Seele gut. Und so suchte ich auch für mich nach Gruppen und fand sie in meiner Heimat nicht. Es gab keine Basler Gruppe, nur Jürg Federspiel trank hie und da ein Bier in der Rio-Bar, und ich traute mich nicht, mich neben ihn zu stellen. Ich geriet dann an die Autoren der Wiener Gruppe heran, allen voran an Artmann, bei denen ich viel lernte, die aber natürlich längst ihre eigene Geschichte hatten und eigentlich just aufhörten, als Gruppe im pathetischen Sinn zu existieren. Nur noch deren Rituale beschworen. So landete ich fast naturnotwendig in Graz, das vor (plus oder minus) zwanzig Jahren die genau richtige Mischung für mich bereit hielt. Die Grazer Gruppe hat immer abgelehnt, eine Grazer Gruppe zu sein, und auch ich sagte immer, Grazer Gruppe, Grazer Gruppe, was soll das denn sein?, das sind einzelne Autoren, die heißen Bauer und Falk und Kolleritsch und Roth und Hoffer und Schmidt und Gruber, aber heute würde ich sie alle doch auch Grazer Gruppe nennen, wieso soll man die Grazer Gruppe, jetzt wo es die Grazer Gruppe nicht mehr gibt, nicht Grazer Gruppe nennen? – Ach, wo sind die Gruppen hin? Alle haben sich doch einst zu Gruppen geballt! Arm zwar, aber nie allein. Gauguin und seine Freunde fuhren in die Bretagne. Die Surrealisten klumpten um ihren André herum. Die Dadaisten waren so sehr Gruppe, daß es sie einzeln gar nicht zu geben schien. Hugo Ball aus einer Röhre röhrend, Schwitters urlautend, daß selbst seine besten Freunde kein Wort mehr verstanden. Noch als ich Artmann, Rühm, Wiener kennenlernte, klebten sie wie Pech und Schwefel aneinander. Oswald Wiener lud mich nach Wien ein und schaffte es, mich fünf Tage lang – Sightseeing nach Wiener Art – so durch die Stadt zu führen, daß ich kein einziges Mal den Stephansdom zu Gesicht bekam. Komplizierte Wege durch Katakomben, bis wir dann vor dem Café Sport standen, das aber geschlossen hatte. Heute ist Ossi Wirt am Yukon oben oder schon wieder nicht mehr, Gerhard Rühm sieht immer mehr wie Franz Liszt aus, Achleit-

ner baut vielleicht immer noch Häuser oder wieder, H. C. Artmann hat auch nicht vermeiden können, daß der Wald, in dessen Mitte er geboren wurde bzw. gern geboren worden wäre, abgeholzt worden ist, und Konrad Bayer ist tot. Sogar die Gruppe 47 gibt es nicht mehr, jene Vereinigung, von der jemand streng, aber ungerecht sagte, sie sei ein Kartell zur Verbreitung von Nato-Literatur gewesen.
Natürlich hatte die Not die Künstler zusammengebracht, eine Not, die heute nicht mehr zu herrschen scheint. Bei uns, meine ich. Wer wollte sich darüber beklagen. Die Gesellschaft rings um uns herum scheint nicht mehr so gnadenlos anders als wir selber zu sein, so daß uns nichts mehr übrigbliebe, als uns, um zu überleben, zu Hilfsgemeinschaften zu verbinden. Heute sitzen wir zuweilen am gleichen Tisch mit Oberbürgermeistern und Finanzberatern, und Justus Frantz und Claus Peymann sind auch irgendwo, ins Gespräch mit dem Bundeskanzler vertieft. Ich immerhin zwischen, sagen wir, Norbert Blüm und Klaus Maria Brandauer.
Fragt sich natürlich, wer wem entgegengekommen ist. Ich gehöre nicht zu denen, die auf dem Gefängnis, dem unbedingten Leiden, den entsetzlichen Umständen beharren, weil nur aus ihnen Kunst entstehen könne. Erstens sind unsere Umstände immer noch entsetzlich genug, zweitens kann eine solche Kunst nicht das Ziel sein, denn Kunst müßte im Gegenteil ein Mittel sein, das Leiden abzuschaffen oder mindestens aushaltbar zu machen. Ich traf, als Perestroika bzw. Glasnost noch neuer als heute waren, eine Gruppe russischer Dissidenten, die nun plötzlich keine Dissidenten mehr waren, allen voran die umwer-

fende Tatjana Tolstoia, und die umwerfende Tatjana war nicht etwa entzückt über die neue, beginnende Freiheit, sondern von Ängsten geschüttelt. Wo waren die alten Mauern hin, gegen die sie anrennen konnte? Sie hielt eine pathetische Lobrede auf den Kerker als Grundbedingung für die Entstehung von Literatur, deren Konsequenz gewesen wäre, daß in Auschwitz die unglaublichsten Meisterwerke zuhauf hätten entstehen müssen. Wir wissen, daß es anders war. – Die besseren Zeiten sind den Künstlern gewiß ein paar Schritte entgegengekommen. Die Künstler, die, die das konnten, sind den besseren Zeiten zuweilen aber auch geradezu in die Arme getaumelt. Wer könnte es ihnen verübeln. Wer leidet denn gern, wer ist gern allein und einsam, in einer Zeit, die sich dadurch auszeichnet, daß niemand mehr einsam ist? Sein will, meine ich. Die Einsamkeit ist abgeschafft worden. Früher, was waren wir einsam! Herr des Himmels, monatelang! Heute, wenn ich ein Surren in mir spüre, nur schon eine Andeutung von Einsamkeit, schiebe ich eine Kassette ein, oder, wenn das nicht hilft, dann esse ich halt ein Temesta oder Valium. Ich persönlich tue das zwar nicht, aber Valium ist zweifellos ein Grundnahrungsmittel geworden.

Die neue Vereinzelung, die die Enkelin früherer Vereinzelungen ist, führt unter anderem dazu, daß jenes Prinzip, das aus dem hierarchischen Denken der Marktwirtschaft stammt und eigentlich auf die Bürokarriere der Manager gemünzt war, auch für die Literatur zu wirken beginnt. Sie wissen, was ich meine: jeder wird so lange nach oben befördert, bis er auf der Stufe seiner Inkompetenz ankommt. Dort bleibt er dann für den Rest seines Lebens. Der öffentlichen Beispiele sind viele. Gibt es so etwas nicht auch in unserer Literatur? Provoziert unsere Vereinzelung, gepaart mit den Lockungen öffentlicher Geltung, nicht immer wieder, daß einer, der das Zeug zu guten politischen Kommentaren hätte, dicke Romane schreiben will? – Dabei ist das Denken in Hierarchien in der Kunst besonders unsinnig. Es gibt keine besseren und schlechteren Medien, wenigstens nicht a priori, und es gibt auch keine niederen und hohen Gattungen. Eine gute Glosse ist allemal wichtiger als ein schlechtes Gedicht. Literatur ist kein Wettkampfsport. Natürlich sollte jeder nach Kräften seiner Begabung »gut« sein wollen, aber es ist absurd, einsam und allein der Beste sein zu wollen. Denn auch und vor allem in der Kunst hat man allein nicht den Hauch einer Chance. Erst wenn viele gut schreiben, schreibt man selber auch gut. Das Ideal wäre wirklich, alle täten es. Es würde dem einzelnen nichts wegnehmen. Ist es nicht sowieso so, daß in jedem Zeitalter nur einer Platz hat, der als der Große gilt? Immer einer (selten eine) wird von der öffentlichen Meinung als derjenige welcher erwählt – nach nicht immer klaren Kriterien –, und die andern, oft gleichwertigen, bleiben eben die andern. Mehr als einen Fixstern alle fünfundzwanzig Jahre ertragen wir nicht. Und je weiter wir zurückschauen, desto länger werden die Zeiträume. In fernen Zeiten reicht *einer* für ein ganzes Jahrhundert. Shakespeare.

Alles in allem haben wir Schreiber dennoch Glück. Wir sind nicht gezwungen, neidisch wie die Krähen aufeinander einzuhacken, denn unsere Bücher sind reproduzierbar und erschwinglich, und alle zusammen haben nebeneinander Platz. Nicht Achternbusch *oder* Artmann ist unser Problem, sondern entweder gar nichts – gar kein kulturelles Klima, alles totgewalzt – oder Achternbusch *und* Artmann. Die Maler, die auch nicht allein gut werden können, haben es, so wie unsere Welt geworden ist, nicht so einfach. Sie haben dreiundzwanzig Sammler, die sie alle persönlich kennen. Kein Wunder, daß sie ziemlich heftig um deren Gunst buhlen, mit viel moderneren Strategien als wir altmodischen Schriftsteller. Deshalb sehen die Maler, anders als wir Schriftsteller, nur allzuoft wie ihr eigenes Produkt aus.

Die Hauptarbeit der Literatur mag ja tatsächlich der Widerstand sein. Der Widerstand gegen die inhumane Welt. Auch ich stelle mich dem eiskalten Ungeheuer Wirklichkeit immer wieder entgegen. Aber meistens erlebe ich meine Arbeit dennoch andersherum, positiv, weniger als Widerstand denn als den in all dem Elend durchaus lustvollen Versuch, Schönheit herzustellen. Schönheit, immer wieder. Die Künstler haben nie vergessen – die Phantasie ist ein besonders gutes Gedächtnis für das Wirkliche! –, daß die Erde einmal schön war. Wunderschön, ganz überwältigend, an einzelnen Orten ist sie das immer noch. Die Meere, die Dschungel, und die Wüsten. Und auch die Kultur, als sich der Mensch einzumischen begann, nahm lange Zeit die Sprache der Natur auf und verwandelte sie in eine andere Schönheit. Erst in unserem Jahrhundert haben wir einen so radikalen Verlust an Schönheit hinnehmen müssen, daß eine Erde denkbar geworden ist, die nirgendwo mehr schön ist. Allzu weit sind wir nicht davon entfernt.

Wenn die Erde radikal häßlich geworden sein wird, wird sich das kollektive Gefühl, es lohne sich auch nicht mehr, etwas für sie zu tun, unaufhaltsam einstellen. Wir geben auf. Wir geben uns auf. Wir sind einverstanden mit unserem Verschwinden. Schönheit, einst allgemeine Wirklichkeit, wird immer mehr zu einer Utopie einzelner Verrückter, so daß man sich fragen kann, ob nicht auch die Utopie ein besonders gutes Gedächtnis für etwas ist, was es einmal gab. Ist Utopie ein konservatives Prinzip?
Und weiter? Was wird die Zukunft sein? Ist Schreiben nicht dennoch, sosehr wir aus Utopien Kraft schöpfen wollen und auch schöpfen, ein stetes Rückzugsgefecht, immer schon gewesen, beginnend mit jener Vertreibung aus dem Paradies, vor der Hase und Wolf und Adam und Eva *eine* gemeinsame Sprache sprachen, ein Rückzug, bei dem die Dämonen der Geschichte uns zähnefletschend vor sich hertreiben und wir sie, rückwärts gehend, mit dem Mute der Panik abwehren, trotzdem hoffnungslos überfordert, auch nur das Gegenwärtige festzuhalten? In kleinen Stücken, aber unentwegt zuschnappend, entreißen sie uns unsre Zeit, unsern Ort, unser Leben. Manchmal bluten uns die Finger, wenn sie uns besonders nah gekommen sind. Immerhin, so ist unser Dasein ein Kampf gewesen und nicht nur besinnungslose Flucht. Das Leben ist immer stärker. Die Geschichte ist immer stärker. Ich denke im übrigen, trotz all meinen endzeitlichen Untertönen, daß die Summe des Leidens und des Entsetzens im Lauf der Geschichte stets ähnlich geblieben ist. Wenn ein Kind aufhört zu weinen, fängt anderswo ein anderes zu weinen an. Beckett hat es brutaler gesagt, die Frauen stehen mit ge-

spreizten Beinen über der Grube, und wir fallen aus ihnen heraus, und der kurze Lichtschimmer, den wir wahrnehmen, ist das Leben. Das Entsetzen der Neandertaler war ein anderes als unseres, aber ebenso stark. Das Leben im Dreißigjährigen Krieg war gleich furchtbar oder gleich schön wie eins im zwanzigsten Jahrhundert. Dennoch gibt es natürlich Unterschiede. Immer hat es Zeiten des Atemholens gegeben, Nischen, und heute sieht es so aus, als sei der Atem geholt und die Geschichte sitze mit dicken Backen da und sei drauf und dran, die Luft mit aller Gewalt wieder auszublasen. Wir werden schon sehen, wohin uns die Luft wirbelt. – Im übrigen seien Sie ein bißchen vor den apokalyptischen Visionen der Alten gewarnt. Leicht und gern verwechseln sie nämlich das eigene Sterben mit dem allgemeinen. Es ist viel schwerer zu ertragen, allein abtreten zu müssen, und ringsum tollen alle in den Frühlingsblumen herum, als einen endgültigen Tod für alle zu phantasieren. Die Apokalypsephantasie hat darum auch etwas durchaus Erleichterndes. Manchen macht sie regelrecht Vergnügen.

Sowieso beschleicht mich immer stärker der Verdacht, daß wir hier, ein Schweizer mit Österreichern sich unterhaltend, seit Stunden um den heißen Brei herumreden, und dieser Brei heißt Deutschland. Wir mögen auf unserer Eigenart bestehen, wie wir wollen, auf unserer eigenen Geschichte, auf unserer Unabhängigkeit, auch der Eigenart und Unabhängigkeit unserer Literaturen, wir hängen an der Leine des großen und größern Deutschland, das uns, wenn es zu rennen anfängt, hinter sich herschleift, ohne es selber so recht zu bemerken. Zur Zeit kommt sowieso keiner draus. Wer treibt, wer wird getrieben, und wohin? Heiner Müller hat es kürzlich so gesagt, er komme sich wie ein Blinder vor, der mitten auf einer belebten Kreuzung merkt, daß auch sein Hund nichts sieht. Die Schweiz mag sein, was sie will – ein paranoides System; eine Organisation zur Bewahrung von Privilegien; ein Gefängnis, in dem die Gefangenen sich selber bewachen –: ein Phantom ist sie nicht. Sie ist durchaus konkret. Auch Österreich, das die Liebenswürdigkeit hatte, in diesem Jahrhundert auf eine sehr humane Größe zu schrumpfen, ist in seinen schönen Resten klar und erkennbar. Deutschland jedoch hat seit immer, seit Karl dem Großen, etwas Geisterhaftes, schreckliche Geschichte veranstaltend von schrecklicher Wirklichkeit und dennoch immer auch unwirklich, mehr Traum oder Idee als konkrete Kontinuität des Lebens. Immer dann, wenn sich ein Gefühl für das Leben in diesem Deutschland einstellt, wenn die erinnerte Geschichte anfängt weh zu tun, stellt sich etwas radikal Neues ein.

Wer hätte etwas dagegen, daß die Mauer verschwunden ist, und mit ihr jenes rigide Regime! Aber das schier unglaubliche Tempo, in dem die Bewohner der ehemaligen DDR denen der Bundesrepublik in die Arme gestürzt sind – wie in einem Trickfilm –, und die besinnungslose Bereitschaft der Bundesrepublikaner, die Daherstürmenden an sich zu drücken, könnte schon auch ein Hinweis darauf sein, daß, neben dem unübersehbaren und schönen *good-will* und vermutlich Hand in Hand mit ihm, Geschichte ungeschehen gemacht werden soll. Kein Faschismus erst, kein Stalinismus dann. Schwamm drüber. Aber das ist das Dilemma.

Die Gegenwart kann nur gespürt werden, gelebt im emphatischen Sinn, wenn auch die Vergangenheit lebt. Deutschland produziert seine Geschichte mit Vorliebe in Rucken, Risse verursachend, und wir sind ihm, ob wir das wollen oder nicht, so nah, daß wir immer ein Stück mitruckeln.

Immerhin ist Graz ja nicht nur die Perle der Steiermark, sondern auch die Stadt der Bewegung. Bei uns in der Schweiz hat sich damals auch vieles bewegt, aber uns ist die Erfahrung erspart geblieben, daß die Faschisten dann auch tatsächlich ihre entsetzliche Macht ausübten. Wie wir das geschafft haben, ist nach wie vor umstritten, der Streit hängt mit den Mythen zusammen, die jeder von uns in seinem Kopf herumträgt. Wir sind jedenfalls jeden Kompromiß eingegangen, jeden denkbaren und nahezu jeden undenkbaren. Wir haben täglich 1800 Eisenbahnwaggons voller Güter von Deutschland nach Italien fahren lassen, und der Sohn unseres kommandierenden Generals hat den Deutschen Baracken für das KZ Dachau verkauft. »In einer unwürdigen Zeit«, so sagte es Friedrich Dürrenmatt, »ist keine rein würdige Haltung möglich.« So haben wir uns durchgetrickst und haben selber geglaubt, unsere Armee, unsere unbedingte Wehrbereitschaft und unser Antifaschismus hätten uns vor dem Schlimmsten bewahrt, während doch zu befürchten ist, daß es eher glückliche Umstände waren, die wir nicht im geringsten beeinflussen konnten, und Handreichungen, die in der Tat unwürdig waren. Wir erfüllten unsere Verträge mehr als gewissenhaft. Bis zu achtzig Prozent der Exporte unserer Industrieprodukte gingen während des Kriegs an die Deutschen. Bald einmal war die Schweiz als neutraler Ort nützlicher, als es ein ins Reich heimgeführter gewesen wäre. Sowieso, wäre das Neue Europa, wie die Nazis einen ihrer Zukunftsträume nannten, Tatsache geworden, wäre die Schweiz diesem wie ein reifer Apfel in den Schoß gefallen. Es hätte ein einiges Europa unter deutscher Führung, mit *einer* Währung von Skandinavien bis Griechenland, ohne Grenzen und Binnenzölle, mit einheitlichen Industrienormen und schnellen Kommunikationssystemen werden sollen: ein Traum, der uns heute natürlich sehr vertraut vorkommt. Eine seltsame Wiederkehr nicht des Gleichen, des Ähnlichen nur, denn daß das heutige Deutschland vom Rassenwahn und von Mordgelüsten befallen sei, kann man ihm wirklich nicht vorwerfen. Hitlers anachronistische Wahnideen, der Kern des Nazidenkens, lösten übrigens schon zu seiner Zeit gerade bei Leuten der Wirtschaft, die sonst gar nichts gegen deutsche Hegemonie hatten, bei uns und im Reich, Abscheu und Widerspruch aus, nicht so sehr, weil sie Juden oder Russen besonders liebten, sondern weil man potentielle Kunden nicht umbringt. Tote kaufen nichts. Mindestens Teile der Wirtschaft, der Schweizer Wirtschaft, waren »moderner« als Hitler. Der zerstörerische Krieg war für sie ein anachronistisches Instrument vergangener Jahrhunderte. *Sie* hätten ihren Krieg lieber mit den Mitteln der Wirtschaft geführt.

In diesem Kontext, in unserem heutigen Frieden, der uns tatsächlich zuweilen wie ein Krieg mit neuen Mitteln vorkommt – in meiner Heimat ist das Geld so tobsüchtig geworden, daß viele Eingeborene sich ein Leben in ihr

nicht mehr leisten können –, in diesem Kontext, der vom Wirtschaftszynismus der Großkonzerne, von der Bevölkerungsexplosion und dem zusammenbrechenden ökologischen System definiert ist, wird die Rolle der Literatur immer kleiner. Die Rolle von allem, was »überflüssig« ist oder scheint. Wir, hier, sprechen ja immer noch von Literatur. Nur, so gesehen, verschwindet sie auch für uns beinahe, so als blickten wir auf das Buch verkehrtherum durch einen Feldstecher. Fern, klein. Kaum zu sehen noch. An uns liegt es, diese Spannung auszuhalten und sie nicht zu verleugnen. An uns liegt es, den Anspruch großer Entwürfe nicht aufzugeben *und* zu wissen, wie ohnmächtig wir sind. Uns nicht aufzublasen wie die Ochsenfrösche – »péter plus haut que son cul« nennen das die klugen Franzosen –, ohne uns in die Schrebergärten zurückzuziehen. Ohne Wehleidigkeit aufrecht zu gehen. Zu lernen, mit den wahrhaft zerreißenden Widersprüchen unserer Zeit zu leben. Damit fertig zu werden, daß es wohl ein privates Glück geben mag, daß dieses aber nicht nur möglich sein sollte, wenn wir das große öffentliche Unglück verdrängen. Ein gewisses Maß an Verdrängung und Abwehr ist im übrigen für jedes Überleben notwendig. Spürten wir jeden Tod jedes verhungernden Kinds, das wir im Fernsehen sehen, mit voller Wucht, der Schmerz würde uns alle in kürzester Zeit töten.
Ich hatte Ihnen versprochen, meine Themen wie russische Puppen auszupacken, die intimste zuerst und die öffentlichste zuletzt. Zuletzt, so mein Plan, wollte ich gar nicht mehr von mir sprechen, und ein ganz klein wenig hat das ja auch gestimmt. Ich sagte Ihnen aber auch, daß ich schei-

tern würde. Ich sagte das natürlich, weil ich scheitern wollte, und für die letzten Minuten meiner Vorlesung lande ich nun also wieder bei mir.

Kein Schriftsteller spricht von dem, was er gerade tut oder was, als Plan, in ihm drin langsam Form anzunehmen beginnt. Die unfertigen Werke sind zerbrechlich, flüchtig wie Löwenzahnsamen. Ein ausgeplaudertes Wort bringt das zarte Projekt um. Peter Handke antwortete auf eine Frage nach seinem nächsten Werk, er schreibe ein Drama über den Papst. Das ist eine gute Antwort. Ich glaube, ich schreibe auch ein Drama über den Papst. – Schreiben braucht Widerstand. Es geht also beim Schreiben stets darum, Bereiche aufzuspüren, in denen der Stoff und die Sprache Widerstand leisten. Sich entziehen. Ich hatte das Glück – das ich nicht immer als ein Glück erkannte –, vieles *nicht* zu können, und konnte also meine Eroberungen im Lande der Literatur langsam machen. Zu Beginn war ich nicht einmal imstande, in der Vergangenheitsform zu schreiben. Immer jetzt, jetzt, jetzt. Jedes Obwohl oder Weil war ein Problem. Kaum setzte ich es aufs Papier, hatte ich das Gefühl zu lügen. Ich konnte nur in der Ich-Form schreiben. So habe ich mühselig und erhitzt eine Hürde nach der andern genommen, versuchte mich im Vergangenen und mit Sätzen, die sich unterordnen mußten, und endlich mit der ausschließlichen Er-Perspektive. Mit ihr bin ich bis heute gescheitert. Es scheint mir so wichtig zu sein, zu wissen und zu sagen, wer den Text schreibt, daß dieser Schreiber (dieses von mir erfundene Rollen-Ich) sich unaufhaltsam irgendwann einmal meldet, »ich« sagt eben, in meinem vorletzten Buch, dem *Kongreß der Paläolepi-*

dopterologen, zum Beispiel erst auf der Seite 227. Vorher gab es keine Veranlassung bzw. so lange hielt ich es durch, meinen fiktiven Schreiber (der einer ist, wie ich einer hätte werden können, wäre ich ein Leben lang in meiner Heimatstadt geblieben) im Hintergrund zu lassen. Und natürlich spielt das Vergnügen am Schock eine Rolle. Eigentlich müßte ein Leser vor Schreck vom Stuhl fallen, wenn nach zwei, drei Stunden Lektüre plötzlich jemand »ich« sagt.

Schreiben braucht nicht nur den Widerstand, es braucht die Gefahr. Das heißt, der Widerstand entsteht, weil da irgendwo eine Gefahr lauert. Es mag seltsam klingen, aber jedes meiner Bücher war in irgendeiner Weise gefährlich zu schreiben. Ein Vorwagen in Gebiete, wo die Dämonen noch frei herumliefen und mich beuteln konnten, wenn sie mich erwischten. Man kann die Gefahr auch in die Form verschieben. Die schwierige formale Aufgabe tarnt dann die gefährliche inhaltliche. Im übrigen verschwindet im gelungenen Buch die Form im Inhalt und wird wie unsichtbar, mag sie »in Wirklichkeit« noch so komplex sein. Ein sichtbarer Überhang an Form ist stets ein Hinweis darauf, daß der Schreibende mit dem, was er uns erzählen wollte, nicht ganz zurechtgekommen ist. – Andererseits fürchte ich mich durchaus davor, eines Tages keinen Widerstand mehr zu spüren. Keine Gefahr. »Es« zu können, was gleichzeitig bedeuten würde, an meinem Ende angekommen zu sein. Es steht nirgendwo geschrieben, daß ein Schriftsteller immer *noch* ein Buch schreiben soll oder daß er das stets kann.

Und weiter? Noch habe ich keinen neuen ersten Satz geschrieben. Denn der erste Satz ist, anders als alle, die ihm folgen, das Samenkorn der ganzen Geschichte, die der Schreibende, ihn notierend, eher spürt als kennt. Der erste Satz bestimmt oder enthält die Länge des ganzen Buchs, sein Tempo, seine Affektlage. Es braucht ein radikales Ungenügen, einen ersten Satz zu streichen. Er bleibt in der Regel, wie ein alter Stein an einem Weg, unerschütterlich stehen. Er muß dem Leser – sei er kurz oder lang, einfach oder komplex – klarmachen, daß hier der Chef kocht. Mit dem Lesen des ersten Satzes entscheidet sich auch, ob der Leser weiterlesen wird.

In den letzten Tagen, als ich meine letzten Worte vorbereitete, ich meine die letzten, die ich hier an Sie richten will, ging ich in ein Konzert, in dem Werke von György Ligeti gespielt wurden, und im Programmheft war ein kleines Interview mit dem Komponisten abgedruckt, und Ligeti sagte da unter anderem: »Nichts mag ich weniger als Leute, die keinen Humor haben, die die Dinge im wörtlichen Sinn nehmen und die sich selber für wichtig halten. Diese Leute mit unerschütterlichen Überzeugungen und Vorurteilen haben sehr oft große Durchschlagskraft und werden Führer von Heilslehren und Bewegungen, Gurus. Und das ist genau, was mir fremd ist. (...) Ich bin ein großer Verehrer von Religionen als wunderbaren kulturellen Systemen, aber ich mag nicht, wenn sie missionieren, wenn sie auf ihre Ausschließlichkeit pochen. Ich bin gegen Fundamentalisten und Extremisten, sei es eine Religion im Sinn von Glauben an Gott oder Gottheiten oder eine im Sinn von pseudowissenschaftlichen Ersatzreligionen, wie Marxismus, Anthroposophie, Vegetarismus, Astrologie, Parapsychologie und New Age. Ich bin ein Anhänger der

Aufklärung, des Rationalismus und des Common Sense, und ich bin ein Feind des Irrationalismus. Das ist meine Ideologie. Also, ich bin ein Feind aller Ideologien.«
Nun, dachte ich, als ich diese schönen unprätentiösen Sätze eines großen Musikers gelesen hatte – 1989 formuliert –, da habe ich ja, was ich sagen will. Er spricht für mich, und das soll mein Résumé sein. Mehr nicht, aber auch nicht weniger. – Die Universität Graz hat mir ihren Lehrstuhl für Poetik angeboten, und ich habe ihn gern angenommen. Aber Sie haben es selber gesehen, ich zog es dann vor, zu stehen. Ich hätte mich ein bißchen geschämt, mich tatsächlich auf den Lehrstuhl zu setzen, denn ich habe einige Gedanken zur Poesie – ich habe versucht, sie Ihnen zu vermitteln – aber keine Poetik. Ich bin kein Systematiker. Im Gegenteil, es dürfte Ihnen deutlich geworden sein, daß ich geschlossenen Systemen mißtraue und sie zu öffnen versuche. Manche haben mich für meine bisherigen Vorlesungsstunden gelobt, indem sie sagten, sie seien so ungermanistisch. Nun. Eigentlich ist das ein Lob, das mich verlegen zurückläßt. Das, was ich Ihnen da vorgeführt habe, ist meine Vorstellung von Germanistik. Von Literaturbetrachtung. Wie Luther kann ich nicht anders. Ich danke Ihnen dafür, daß Sie mir dabei so geduldig zugehört haben.

8

Der Schnee war geschmolzen; fast so etwas wie ein Frühling vor den Fenstern. Klaus und Nadja, die mich in der zweiten Woche allein gelassen hatten, waren auch wieder da. Ich freute mich, sie wiederzusehen, und sie freuten sich auch. Am begeistertsten war aber Hraban, der sofort mit meinem linken Schuh im Maul durch die Räume stürmte. Wir fegten hinter ihm drein und riefen uns zu, daß das Abschiednehmen immer ein kleiner Hund sei, ein kleiner Tod, aber dann stand auch schon Max Droschl im Flur, deutete auf die Uhr, packte meinen Koffer, und schon saß ich im Auto, winkte und band den linken Schuh zu, der naß und voller Bißspuren war. Klaus und Nadja standen Arm in Arm, ein glückliches Paar, etwas atemlos. Hraban jaulte vor Trennungsschmerz. Max fuhr auf Feldwegen, auf denen Hühner davonstoben, zum Flugplatz hinaus. Begleitete mich zum Check-in und trug wieder meinen Koffer. Wir fielen uns in die Arme. Dann saß ich in der AUA*, und als sie auf der Piste ihren Anlauf nahm, sah ich Max, diesen treuen Max, nochmals ganz klein auf dem Parkplatz stehen und in den Himmel winken. Ich winkte zurück – sah er mich, ebenso winzig, an meinem Bullauge? –, und dann hob die Maschine ab. Immer kleiner, immer weiter weg der winkende Max, bis wir plötzlich von einer Wolke verschluckt wurden.*

Bibliographische Notiz

Die folgenden Arbeiten waren mir, unter anderen, bei der Vorbereitung dieser 1991 gehaltenen Vorlesungen nützlich:

BENJAMIN, Walter: *Gottfried Keller. Zu Ehren einer kritischen Gesamtausgabe seiner Werke*. In: Walter Benjamin, *Schriften*, 2 Bde., hrsg. v. Th. W. Adorno. Frankfurt: Suhrkamp 1955

ders.: Robert Walser. In: Walter Benjamin, *Illuminationen*. Frankfurt: Suhrkamp 1961

HOFFER, Klaus: *Methoden der Verwirrung. Betrachtungen zum Phantastischen bei Franz Kafka*. Graz: Droschl 1986

LAEDERACH, Jürg: *Der zweite Sinn. Unsentimentale Reise durch ein Feld Literatur*. Frankfurt: Suhrkamp 1988

MILLER, Henry: *Rimbaud oder Vom großen Aufstand*. Zürich: Arche 1954

MUSCHG, Adolf: *Gottfried Keller*. München: Kindler 1977

MUSCHG, Walter: *Tragische Literaturgeschichte*. Bern: Francke 1953

WIDMER, Urs: *Gottfried Kellers Fähnlein der sieben Aufrechten*. Berlin: Wagenbach 1989 ders.: *Über das Arschlochtum einiger Helden Vladimir Nabokovs.* In: *Schreibheft,* Zeitschrift für Literatur 34. Essen: Rigodon 1989

ders.: *Auf auf ihr Hirten! Die Kuh haut ab! Kolumnen.* Zürich: Diogenes 1988

ders.: *Über Robert Walser.* In: Robert Walser, *Ausgewählte Geschichten und Aufsätze.* Zürich: Diogenes 1967

*Bitte beachten Sie auch
die folgenden Seiten*

Urs Widmer im Diogenes Verlag

Alois/Die Amsel im Regen im Garten

Zwei Erzählungen

»Panzerknacker Joe und Käptn Hornblower, der Schiefe Turm von Pisa und die Tour de Suisse, Fußball-Länderspiel, Blitzschach, Postraub, Untergang der Titanic, Donald Duck und Sir Walter Raleigh – von der Western-Persiflage bis zur Werther-Parodie geht es in Urs Widmers mitreißend komischem Erstling *Alois.*«
Bayerischer Rundfunk, München

Das Normale und die Sehnsucht

Essays und Geschichten

»Dieses sympathisch schmale, sehr konzentrierte, sehr witzige Buch ist dem ganzen Fragenkomplex zeitgenössischer Literatur und Theorie gewidmet.«
Frankfurter Allgemeine Zeitung

Die Forschungsreise

Ein Abenteuerroman

»Da seilt sich jemand (das Ich) im Frankfurter Westend von seinem Balkon, schleicht sich geduckt, als gelte es, ein feindliches Menschenfresser-Gebiet zu passieren, durch die City, kriecht via Kanalisation und über Hausdächer aus der Stadt... Heiter-, Makaber-, Mildverrücktes.« *Der Spiegel, Hamburg*

Die gelben Männer

Roman

»Skurrile Einfälle und makabre Verrücktheiten, turbulent und phantastisch: Roboter entführen zwei Erdenbürger auf ihren fernen Planeten...«
Stern, Hamburg

Vom Fenster meines Hauses aus

Prosa

»Eine Unzahl von phantastischen Einfällen, kurze Dispensationen von der Wirklichkeit, kleine Ausflüge oder, noch besser: Hüpfer aus der normierten Realität. Es ist befreiend, erleichternd, Widmer zu lesen.« *NZZ*

Schweizer Geschichten

»Aberwitziges Panorama eidgenössischer Perversionen, und eine sehr poetische Liebeserklärung an eine – allerdings utopische – Schweiz.« *Zitty, Berlin*

Shakespeare's Geschichten

Alle Stücke von William Shakespeare. Mit vielen Bildern von Kenny Meadows. *Band I* nacherzählt von Walter E. Richartz *Band II* nacherzählt von Urs Widmer

»Ein Lesevergnügen eigener und einziger Art: Richartz' und Widmers Nacherzählungen sind kleine, geistvolle Meisterwerke der Facettierungskunst; man glaubt den wahren Shakespeare förmlich einzuatmen.« *Basler Zeitung*

Das enge Land

Roman

Hier ist von einem Land die Rede, das so schmal ist, daß, wer quer zu ihm geht, es leicht übersehen könnte. Weiter geht es um die großen Anstrengungen der kleinen Menschen, ein zärtliches Leben zu führen, unter einen Himmel geduckt, über den Raketen zischen könnten...

Liebesnacht

Erzählung

»Ein unaufdringliches Plädoyer für Gefühle in einer Welt geregelter Partnerschaften, die ihren Gefühlsanalphabetismus hinter Barrikaden von Alltagslangeweile verstecken.« *NDR, Hannover*

Die gestohlene Schöpfung

Ein Märchen

Die gestohlene Schöpfung, selbst eine Schöpfung, ist ein modernes Märchen, Actionstory und ›realistische‹ Geschichte zugleich; und eine Geschichte schließlich, die glücklich endet.

»Widmers aufgeklärtes Märchen macht uns keine Illusionen, wohl aber das seltene Vergnügen eines literarischen Abenteuers im Gegenlicht aller zweifelhaften Wirklichkeit.« *Deutschlandfunk, Köln*

Indianersommer

Erzählung

»Fünf Maler und ein Schriftsteller wohnen zusammen in einer jener Städte, die man nicht beim Namen zu nennen braucht, um sie zu kennen, und irgendwann machen sie sich alle zu den ewigen Jagdgründen auf. Ein Buch, das man als Geschenk kauft, beim Durchblättern Gefallen findet und begeistert behält. Was kann man Besseres von einem Buch sagen?«
Die Presse, Wien

»Urs Widmers Prosa funkelt seit je mit brillanten Facetten und witzig-aberwitzigen Pointen, klingt elegant und bewegt sich leicht, wie es im Deutschen selten und damit kostbar ist.«
Tages-Anzeiger, Zürich

Das Verschwinden der Chinesen im neuen Jahr

Prosa

Ein Buch mit vielen neuen Geschichten, Liedern und Bildern zur sogenannten Wirklichkeit, voller Phantasie und Sinn für Realität, »weil es da, wo man wohnt, irgendwie nicht immer schön genug ist«.

Auf auf, ihr Hirten! Die Kuh haut ab!

Kolumnen

»Kolumnen sind Lektüre für Minuten, aber Urs Widmer präsentiert die Inhalte wie eine geballte Ladung Schnupftabak: Das Gehirn wird gründlich freigeblasen.« *Basler Zeitung*

Der Kongreß der Paläolepidopterologen

Roman

Die Geschichte von Gusti Schlumpf, Instruktionsoffizier der Schweizer Armee und Begründer jener Wissenschaft, die sich mit versteinerten Schmetterlingen befaßt, und seiner lebenslangen Leidenschaft zu Sally, der rosigen Kämpferin für die Freiheit.

»Ein grandios versponnener Roman, der in der farblosen Flut der Verlagsprogramme daran erinnert, wozu Literatur fähig ist... Ein romantischer Entwicklungsroman ... Ein Klassiker ... Eine großartige Satire ... Ein abgrundtief witziges Buch.«
Süddeutsche Zeitung, München

Das Paradies des Vergessens

Erzählung

Im *Paradies des Vergessens* tummeln sich sportliche Verleger auf Fahrrädern, keuchen Autoren hinter ihnen her und verlieren ihre Manuskripte, holen brave Töchter aus gutem Haus auf und werden Politikerinnen, heiraten die einen – am Ziel – aus Liebe oder sonstigen Gründen und vergessen andere alles sofort wieder...

»Wenn viele Bücher bereits wieder vergessen sein werden, dürfte *Das Paradies des Vergessens* noch bei so manchem Leser in guter Erinnerung sein.«
Süddeutsche Zeitung, München

Der blaue Siphon

Erzählung

»Wer kann heute noch glitzernde, glücksüberstrahlte Idyllen erzählen? Wer eine Geschichte über den Golfkrieg und die A-Bombe? Wer ein Märchen für Erwachsene von – sagen wir: fünfzehn an? Und wer eine Liebesgeschichte über Lebende und Tote, die uns traurigfroh ans Herz geht? Die Antwort: Urs Widmer. Er kann all dies aufs Mal und all das ist, eine Rarität in der deutschen Literatur, tiefsinnig und extrem unterhaltend zugleich.«
Andreas Isenschmid/Die Zeit, Hamburg

»Ein erzählerisches Wunderwerk. *Der blaue Siphon* ist Widmers bislang kindsköpfigste und zugleich ernsteste, seine bislang heiterste und zugleich bedrükkendste Erzählung. Eine beispiellos ausgetüftelte und doch äußerst verspielte Prosa.«
Hajo Steinert/Die Weltwoche, Zürich

»*Der blaue Siphon* ist ein erstaunliches Buch, perfekt konstruiert und blendend erzählt.«
Susanne Schaber/Die Presse, Wien

Liebesbrief für Mary

Erzählung

Die Geschichte dreier Liebender, auf ungewöhnliche Art, aus mehrerlei Sicht erzählt: das erste englische und das kurzweiligste Liebesgeständnis in der deutschen Literatur.

»Eleganter, lakonischer wurde in der jüngsten Literatur die Sprachlosigkeit der Liebe wohl nie in Sprache verwandelt.«
Peter Laudenbach/die tageszeitung, Berlin

»Ein schönes, spezielles Buch, eine grenzüberschreitende, tragikomische Geschichte.«
Christian Seiler / Die Weltwoche, Zürich

Friedrich Dürrenmatt im Diogenes Verlag

● Das dramatische Werk

Es steht geschrieben/ Der Blinde
Frühe Stücke. Mit der ersten Komödie ›Untergang und neues Leben‹, einem Fragment aus dem verschollenen Stück ›Thogarma‹ und ›Der Doppelgänger‹ im Anhang

Romulus der Große
Eine ungeschichtliche historische Komödie in vier Akten. Neufassung 1980. Mit der unvollendeten Komödie ›Kaiser und Eunuch‹

Die Ehe des Herrn Mississippi
Eine Komödie in zwei Teilen (Neufassung 1980) und ein Drehbuch

Ein Engel kommt nach Babylon
Eine fragmentarische Komödie in drei Akten. Neufassung 1980. Mit Fragmenten aus ›Der Turmbau zu Babel‹ und ›Der Uhrenmacher‹

Der Besuch der alten Dame
Eine tragische Komödie. Neufassung 1980

Frank der Fünfte
Komödie einer Privatbank. Mit Musik von Paul Burkhard. Neufassung 1980

Die Physiker
Eine Komödie in zwei Akten. Neufassung 1980

Herkules und der Stall des Augias/Der Prozeß um des Esels Schatten
Griechische Stücke. Zwei Hörspiele und eine Komödie, letztere in der Neufassung 1980

Der Meteor/ Dichterdämmerung
Zwei Nobelpreisträgerstücke. ›Der Meteor‹ in der Wiener Fassung 1978, ›Dichterdämmerung‹ ist die 1980 dramatisierte Form von ›Abendstunde im Spätherbst‹

Die Wiedertäufer
Eine Komödie in zwei Teilen. Urfassung 1967 (Komödienfassung des ersten Dramas ›Es steht geschrieben‹)

König Johann/ Titus Andronicus
Shakespeare-Umarbeitungen

Play Strindberg/Porträt eines Planeten
Übungsstücke für Schauspieler

Urfaust/Woyzeck
Zwei Bearbeitungen

Der Mitmacher
Ein Komplex. Text der Komödie (Neufassung 1980), Dramaturgie, Erfahrungen, Berichte, Erzählungen

Die Frist
Eine Komödie. Neufassung 1980

Die Panne
Hörspiel und Komödie

Nächtliches Gespräch mit einem verachteten Menschen/ Stranitzky und der Nationalheld/Das Unternehmen der Wega
Hörspiele und Kabarett

Achterloo
Komödie. Mit einem Nachwort des Autors

F. Dürrenmatt & Charlotte Kerr
Rollenspiele
Protokoll einer fiktiven Inszenierung und ›Achterloo III‹. Mit 28 Zeichnungen von Friedrich Dürrenmatt

Midas
oder Die schwarze Leinwand

● Das Prosawerk

Aus den Papieren eines Wärters
Frühe Prosa

Der Richter und sein Henker
Kriminalroman. Studienausgabe mit zahlreichen Fotos aus dem Film und einem Anhang

Der Verdacht
Kriminalroman. Mit einer biographischen Skizze des Autors

Der Hund/Der Tunnel/Die Panne
Erzählungen

Die Panne
Eine noch mögliche Geschichte

Grieche sucht Griechin/Mr. X macht Ferien/Nachrichten über den Stand des Zeitungswesens in der Steinzeit
Grotesken

Das Versprechen/Aufenthalt in einer kleinen Stadt
Erzählungen

Das Versprechen
Roman

Theater
Essays und Reden

Kritik
Kritiken und Zeichnungen

Literatur und Kunst
Essays, Gedichte und Reden

Philosophie und Naturwissenschaft
Essays, Gedichte und Reden

Politik
Essays, Gedichte und Reden

Der Sturz
Erzählungen: ›Der Sturz‹ / ›Abu Chanifa und Anan Ben David‹ / ›Smithy‹ / ›Das Sterben der Pythia‹

Zusammenhänge
›Essay über Israel‹ /
Nachgedanken
unter anderem über Freiheit, Gleichheit und Brüderlichkeit in Judentum, Christentum, Islam und Marxismus und über zwei alte Mythen

Labyrinth
Stoffe I–III: ›Der Winterkrieg in Tibet‹/ ›Mondfinsternis‹/›Der Rebell‹. Vom Autor revidierte Neuausgabe

Minotaurus
Eine Ballade. Mit Zeichnungen des Autors

Justiz
Roman

Der Auftrag
oder Vom Beobachten des Beobachters der Beobachter. Novelle in vierundzwanzig Sätzen

Versuche
Essays und Reden

Denkanstöße
Ausgewählt und zusammengestellt von Daniel Keel. Mit sieben Zeichnungen des Dichters

Durcheinandertal
Roman

Turmbau
Stoffe IV–IX: ›Begegnungen‹ / ›Querfahrt‹ / ›Die Brücke‹ / ›Das Haus‹ / ›Vinter‹ / ›Das Hirn‹

Kants Hoffnung
Zwei politische Reden/Zwei Gedichte aus dem Nachlaß. Mit einem Essay von Walter Jens

Das Dürrenmatt Lesebuch
Herausgegeben von Daniel Keel. Mit einem Nachwort von Heinz Ludwig Arnold

Meistererzählungen
Mit einem Nachwort von Reinhardt Stumm

Gedankenfuge

Das Mögliche ist ungeheuer
Ausgewählte Gedichte. Mit einem Nachwort von Peter Rüedi

Der Pensionierte
Fragment eines Kriminalromans. Text der Fassung letzter Hand. Faksimile des Manuskripts. Faksimile des Typoskripts mit handschriftlichen Änderungen. Mit einem Nachwort von Peter Rüedi und einem editorischen Bericht

● Das zeichnerische Werk

Bilder und Zeichnungen

Die Heimat im Plakat
Ein Buch für Schweizer Kinder

Die Mansarde
Die Wandbilder aus der Berner Laubeggstraße. 24 Abbildungen mit Texten von Friedrich Dürrenmatt. Mit einem Essay von Ludmila Vachtova. Herausgegeben vom Schweizerischen Literaturarchiv

● Über Dürrenmatt

Elisabeth Brock-Sulzer
Friedrich Dürrenmatt
Stationen seines Werkes. Mit Fotos, Zeichnungen, Faksimiles

Über Friedrich Dürrenmatt
Essays, Zeugnisse und Rezensionen von Gottfried Benn bis Saul Bellow. Mit Chronik und Bibliographie. Herausgegeben von Daniel Keel. Verbesserte und erweiterte Ausgabe

Herkules und Atlas
Lobreden und andere Versuche über Friedrich Dürrenmatt. Herausgegeben von Daniel Keel

Friedrich Dürrenmatt Schriftsteller und Maler
Ein Bilder- und Lesebuch zu den Ausstellungen im Schweizerischen Literaturarchiv Bern und im Kunsthaus Zürich

Erich Hackl
im Diogenes Verlag

Erich Hackl, geboren 1954, lebt nach längeren Aufenthalten in Spanien und Südamerika in Wien.

»Seine Fähigkeit, aus den zur Meldung geschrumpften Fakten wieder die Wirklichkeit der Ereignisse zu entwickeln, die Präzision und zurückgehaltene Kraft der Sprache lassen an Kleist denken.«
Süddeutsche Zeitung

Für *Auroras Anlaß*, ein »großartiges Debüt« *(Le Monde)*, erhielt Erich Hackl den Aspekte-Literaturpreis, nach *Abschied von Sidonie*, »einer meisterhaften Erzählung, ist er eine der großen Hoffnungen der deutschsprachigen Literatur« *(FAZ)*.

»Mit seinem nüchternen Stil tritt Hackl an die Stelle des Chronisten: er ermittelt, rekonstruiert, beschreibt. Auf ihn trifft García Márquez' Postulat zu, wonach ein Schriftsteller politisch Stellung beziehen, vor allem aber gut schreiben muß.« *Siempre!, Mexiko-Stadt*

Auroras Anlaß
Erzählung

Abschied von Sidonie
Erzählung

König Wamba
Ein Märchen. Mit Zeichnungen
von Paul Flora

Sara und Simón
Eine endlose Geschichte

Hugo Loetscher im Diogenes Verlag

»Hugo Loetscher ist zweifellos der kosmopolitischste, der weltoffenste Schriftsteller der Schweiz. Es weht ein Duft von Urbanität und weiter Welt in seinen Büchern, die sich dennoch keineswegs von den sozialen Realitäten abwenden, ganz im Gegenteil. Hugo Loetscher ist eine Ausnahmeerscheinung in der Schweizer Gegenwartsliteratur nach Frisch und Dürrenmatt. Eine Ausnahmeerscheinung ist er durchaus bezüglich der literarischen Qualität. Er ist es aber auch als Intellektueller: Eben weil es ihm gelungen ist, die kulturelle und politische Enge der Schweiz in ein dialektisches Verhältnis zu bringen. Und fruchtbar zu machen.«
Jürg Altwegg

Wunderwelt
Eine brasilianische Begegnung

Herbst in der Großen Orange

Noah
Roman einer Konjunktur

Vom Erzählen erzählen
Münchner Poetikvorlesungen
Mit einer Einführung von Wolfgang Frühwald

Der Immune
Roman

Der Waschküchenschlüssel oder Was – wenn Gott Schweizer wäre
Geschichten

Die Papiere des Immunen
Roman

Die Fliege und die Suppe
und 33 andere Tiere in 33 anderen Situationen. Fabeln

Die Kranzflechterin
Roman

Abwässer
Ein Gutachten

Der predigende Hahn
Das literarisch-moralische Nutztier-
Mit Abbildungen, einem Nachwort, einem Register der Autoren und Tiere sowie einem Quellenverzeichnis

Saison
Roman

Hugo Loetscher & Alice Vollenweider
Kulinaritäten
Ein Briefwechsel über die Kunst und die Kultur in der Küche